Jean-Marc AUSSET

Non, Dieu n'est pas mort. L'anthropologie en apporte la preuve!

Jean-Marc AUSSET

Non, Dieu n'est pas mort. L'anthropologie en apporte la preuve!

Dieu n'a cessé de parler au cours des siècles. Les documents recueillis par les anthropologues en témoignent.

Éditions Croix du Salut

Imprint
Any brand names and product names mentioned in this book are subject to trademark, brand or patent protection and are trademarks or registered trademarks of their respective holders. The use of brand names, product names, common names, trade names, product descriptions etc. even without a particular marking in this work is in no way to be construed to mean that such names may be regarded as unrestricted in respect of trademark and brand protection legislation and could thus be used by anyone.

Cover image: www.ingimage.com

Publisher:
Éditions Croix du Salut
is a trademark of
Dodo Books Indian Ocean Ltd. and OmniScriptum S.R.L publishing group

120 High Road, East Finchley, London, N2 9ED, United Kingdom
Str. Armeneasca 28/1, office 1, Chisinau MD-2012, Republic of Moldova, Europe
Managing Directors: Ieva Konstantinova, Victoria Ursu
info@omniscriptum.com

Printed at: see last page
ISBN: 978-613-7-37353-8

Jean-Marc AUSSET

LE MONOTHEISME

CHEZ LES PEUPLES PRIMITIFS

A LA LUMIERE DE L'ANTHROPOLOGIE

Saturargues, novembre 2014

TABLE DES MATIERES

I) Note préliminaire :

Alors que je m'interrogeais sur l'idée que les peuples anciens et les peuplades primitives pouvaient se faire de Dieu, j'eus l'occasion de découvrir avec émerveillement le livre de l'anthropologue Don Richardson intitulé « **l'éternité dans leur cœur** », histoire ignorée du christianisme dans les religions locales des peuplades anciennes.
Cet opuscule, qui en résume la première partie, a pour but d'inciter le lecteur à se pourvoir de cet ouvrage pour y découvrir dans un étonnement qui ira croissant, que Dieu n'a jamais cessé de se révéler à ses créatures, usant pour ce faire, des multiples moyens offerts par sa Providence.
Ce livre est toujours édité par les Editions Jeunesse en Mission, avenue Haldimand 13, 1400 Yverdon-Les-Bains en Suisse.

II) L'AUTEUR : Don Richardson :

Missionnaire canadien, auteur de best-sellers comme Peace child (l'enfant de la paix) et Lords of the Earth. Connu par son travail d'anthropologue et de linguiste parmi les Sawis, peuple de l'âge de la pierre en Irian Jaya ou Nouvelle Guinée Occidentale.

III) Textes bibliques en rapport avec le thème :

Actes ch 14 v 16 :

« Dieu dans les âges passés, a laissé toutes les nations suivre leurs propres voies, quoiqu'Il n'ait cessé de rendre témoignage de ce qu'IL EST.. »

Ecclésiaste ch 3 v 11 :

« Dieu fait toutes choses à merveille, même Il a mis dans leur cœur la pensée de l'éternité. »

Job ch 12 v 7 à 10 :

« Interroge les bêtes, elles t'instruiront, les oiseaux du ciel, ils te l'apprendront ; parle à la terre, elle t'instruira ; et les poissons de la mer te le raconteront. Qui ne reconnaît chez eux la preuve que la main de l'Eternel a fait toutes choses ? »

Romains 1 v 20 :

« Les perfections invisibles de Dieu, sa puissance éternelle et sa divinité, se voient comme à l'œil, depuis la création du monde, quand on les considère dans ses ouvrages. »

Psaume 19 v 2 à 5 :

« Les cieux racontent la gloire de Dieu, et l'étendue manifeste l'œuvre de ses mains. Le jour en instruit un autre jour, la nuit en donne connaissance à une autre nuit. Ce n'est pas un langage, ce ne sont pas des paroles dont le son ne soit pas entendu : leur retentissement parcourt toute la terre, leurs accents vont aux extrémités du monde. »

Jean 1v 1 :
« La lumière luit dans les ténèbres et les ténèbres ne l'ont pas retenue (arrêtée).

Bien que nous sachions que « la colère de Dieu se révèle du ciel contre toute impiété et toute injustice des hommes qui retiennent injustement la vérité captive, car ce qu'on peut connaître de Dieu est manifeste pour eux, Dieu le leur ayant fait connaître » selon Romains 1 v 18, se pourrait-il que certains hommes, en quête de vérité, aient été sensibles aux arguments offerts par la nature, orientant leurs regards vers le Créateur, à l'instar d'Abram qui reçut de Dieu une révélation spéciale ? La réponse nous est apportée par les recherches anthropologiques.

Prologue :

Au tournant du XIX° et du XX° siècles apparaît une nouvelle science :
l'anthropologie qui a pour objet d'étudier les êtres humains dans une
perspective biologique et sociale.

Une théorie conçue par Edward Tylor « père de l'anthropologie » va
fournir une arme aux opposants à « la religion ».
C'est ce que pensaient Thomas Huxley et Herbert Spencer en
Angleterre, William Morgan en Amérique, Marx et Engels en
Allemagne et Lénine en Russie.
Ils étaient persuadés que la théorie de Tylor était « la corde au cou à la
religion » et qu'en la vulgarisant ils fournissaient « les planches et les
clous du cercueil de la religion ».
Ils croyaient ainsi faire triompher l'athéisme par des arguments
scientifiques irréfutables !

Pour ce faire, et conformément à la méthode scientifique, cette théorie,
selon laquelle le concept de Dieu avait été tardivement une production
purement humaine, devait être vérifiée et confirmée par des
recherches anthropologiques entreprises sur place.

Des dizaines de jeunes anthropologues furent donc envoyés aux quatre
coins du globe. Ils pensaient alors trouver des cultures « primitives »
uniformément dépourvues de croyances monothéistes.
Quelle ne fut pas leur surprise de découvrir des centaines d'exemples
de foi en un seul vrai Dieu !
L'évidence des faits commençait à montrer que Tylor s'était trompé !

Don Richardson nous entraîne dans cette passionnante aventure dont
les découvertes n'on pas fini de nous étonner !

V) Introduction :

Le préambule qui introduit la suite de son livre, permet à son auteur de nous placer devant une réalité qui échappe souvent au lecteur de la Bible, à savoir que Dieu-Yahvé, n'a pas restreint la révélation de son existence à la seule personne d'Abram !
Nous avons en mémoire les promesses impressionnantes qu'Il lui fit, il y a plus de 4000 ans :

Genèse 12 v 2-3 :

« Je ferai de toi une grande nation et je te bénirai, je rendrai ton nom grand et tu seras une source de bénédiction. Je bénirai ceux qui te béniront, et je maudirai ceux qui te maudiront ; et toutes les familles de la terre seront bénies en toi. »

Telles étaient les promesses assorties d'une condition, obéir à ses commandements, autrement dit, quitter son propre pays, son propre peuple et la maison de son peuple, pour émigrer dans un pays étranger.
En cela, cet accord particulier entre Yahvé et Abram, ne semble guère se distinguer des milliers de pactes du même genre entre les dieux tribaux et le cercle restreint de leurs adeptes, tout au long de l'histoire.
C'est ainsi que le conçoivent certains critiques qui assimilent Yahvé aux petits dieux adorés par les tribus. Ce faisant, ils ont oublié la clause finale de cet accord :
« Et toutes les familles de la terre seront bénies en toi. »
Cette clause a ceci de particulier que la bénédiction de Yahvé sur Abram n'a pas pour but d'en faire un égoïste, un arrogant, imbu de lui-même, mais d'être « en bénédiction pour tous les peuples » et pas seulement pour ceux de sa race.

C'est l'ensemble de ces promesses qui porte le nom « d'Alliance d'Abraham », qui dépasse largement Abram lui-même, pour s'étendre à tous les hommes.

Il s'agit-là, selon les théologiens, d'une « révélation spéciale » qui est le point de départ d'une ère nouvelle extraordinaire dont l'aboutissement sera l'annonce de l'Evangile libérateur.
(1 Pierre 1 v 12)

Fort de ces promesses, Abram entreprit son long pèlerinage qui le conduisit à rencontrer une grande variété de tribus au nombre de dix – Cananéens, Kéniens, Kéniziens, Kadmoniens, Hétiens, Phériziens, Réphaïms,Amoréens, Guirgasiens, et Jébusiens.

Ajoutez à ces tribus, une trentaine d'autres peuples entre l'Egypte et la Chaldée, nommément cités dès les 36 premiers chapitres de la Genèse. Cette multiplicité de groupes ethniques ne peut que développer sa vision « d'être en bénédiction pour tous les peuples », conscient qu'il est d'être un porte-parole de Yahvé, le Dieu unique, au milieu de peuples adorant des idoles, probablement même, d'être son seul porte-parole.

C'est alors qu'une surprise de taille lui est réservée !
En effet, s'enfonçant dans le pays de Canaan, Abram et sa suite passèrent devant une ville qui tirait son nom du mot « paix ». En cananéen : Salem.
Plus tard, cette ville portera le nom de Jérusalem ou « fondement de la paix ».

Plus intéressant encore, le roi de Salem porte le nom de Melchisédek !
Melchi = le roi et zadok = la justice en cananéen.
Etonnant nom pour un roi dans un pays réputé pour son idolâtrie, ses sacrifices d'enfants et sa prostitution sacrée !
Or, voici que ce roi de justice nous est présenté, selon Genèse 14 v 18, comme un sacrificateur du Dieu Très-Haut , El Elyon ! Qui était ce El Elyon ?

El et Elyon sont 2 noms cananéens qui désignaient Yahvé lui-même.
On retrouve El dans la langue hébraïque des descendants d'Abram :
Béthel = la maison de Dieu.
El Shaddaï = Dieu Tout-Puissant.
Elohim = Dieu sous la forme plurielle de El.

De même, Elyon apparaît comme le nom de Dieu dans des textes anciens phéniciens.
On retrouve même la forme composée El Elyon dans des textes anciens en araméen découverts en Syrie.

El Elyon signifie, Dieu très Dieu, ou le Dieu qui est vraiment Dieu, ou Dieu très-Haut.

Comment donc, Abram, le chaldéen, va-t-il réagir, lui qui connaît Dieu sous l'appellation de Yahvé lorsque Melchisédek va lui dire, dans Genèse 14 v 19-20 :
« Béni soit Abram par El Elyon , maître du ciel et de la terre. Béni soit El Elyon qui a livré tes ennemis entre tes mains ! »

Que va répondre Abram face à cette première question théologique qui se pose à lui ?
Dieu le Tout-puissant, est-Il Yahvé ou El Elyon ?

Sa réponse est la suivante :
« Abram donna à Melchisédek la dîme de tout ce qu'il avait repris à Kedorloamer lors d'une bataille » (Gen 14 v 1 à 16)

L'auteur de l'épître aux Hébreux parle de Melchisédek en ces termes (Heb ch 7) :
« Considérez combien est grand celui auquel Abraham donna la dîme du butin ! »

Plus loin, il présente le sacerdoce de Melchisédek comme supérieur à celui des Lévites, sacrificateurs des Hébreux.

Dans Hébreux 7 v 6-7, il ajoute qu'il « bénit celui qui avait les promesses ». Or, c'est sans contredit l'inférieur qui est béni par le supérieur.
Il atteste ensuite l'extraordinaire grandeur de ce personnage cananéen lorsqu'il présente le Messie juif, non pas comme un sacrificateur selon l'ordonnance lévitique, laquelle est temporaire et limitée à une tribu celle de Lévi, mais comme sacrificateur selon l'ordre de Melchisédek qui n'est pas réservé à une descendance particulière.

Il s'appuie sur le Psaumes 110 v 4 qui dit 1000 ans avant Jésus-
Christ :
« Le Seigneur a juré et Il ne s'en repentira point : tu es sacrificateur
pour toujours à la manière de Melkisédek. »

Les relations établies entre Melchisédek et Abram démontrent que,
non seulement il n'y eut entre eux ni jalousie, ni rivalité, mais que,
tout au contraire, ils s'allièrent pour la cause de Dieu. Ils étaient frères
en El Elyon/Yahvé au nom duquel, ils partagèrent le pain et le vin.
(Genèse 14 v 18)

Dans cette vallée de Scavé, on assiste donc à la rencontre de deux
personnages qui ont reçu une révélation de Dieu :
Abram, représentant de la révélation spéciale de Yahvé !
Melchisédek, l'archétype de la révélation générale qui a toujours
existé et qui était connue bien avant la révélation spéciale.

Ce qui est extraordinaire, c'est qu'il en a toujours été ainsi depuis lors
dans l'histoire de l'humanité.
En effet, au fur et à mesure que la révélation spéciale de Yahvé se
répandait au temps de l'Ancienne Alliance puis de la Nouvelle, il s'est
avéré que la révélation générale de El Elyon la précédait.
C'est ce que nous allons découvrir à travers l'histoire des exemples
que nous livrent l'anthropologie et la linguistique où interagissent le
facteur Melchisédek – la révélation générale de Dieu- et le facteur
Abraham – la révélation spéciale de Dieu .

VI) Le facteur Melchisédek : un monde préparé à l'Evangile :

Don Richardson distingue 3 catégories : les peuples du Dieu indéfini, le peuple du livre perdu et les peuples aux étranges coutumes.
Nous nous intéresserons aux 2 premières.

1) Les peuples du Dieu indéfini :

Nous nous pencherons successivement sur les Athéniens, les Incas, les Santals, les Gédéos d'Ethiopie, les Mbakas de République Centrafricaine, les Chinois et enfin, les Coréens.

A) les Athéniens : 600 ans avant J-C :

L'histoire que je vais vous raconter en la résumant nous est relatée par Diogène de Laërce, poète et écrivain grec du III° siècle après J-C qui écrivit sur la vie et les doctrines de nombreux philosophes grecs ainsi que sur ceux que l'on appelle les 7 Sages.

C'est dans ses écrits qu'apparaît le nom d'Epiménide de Cnossos auquel l'apôtre Paul fera implicitement référence en citant certaines de ses paroles sur lesquelles nous reviendrons plus loin.
Epiménide, dont Platon, Aristote et d'autres ont parlé, était poète et chaman crétois. Il vécut aux alentours de 595 avant J-C, selon Aristote.
Plutarque note qu'il est considéré comme le 7° sage par certains, en raison de sa réputation d'un homme cher aux dieux et savant des choses divines.

La scène que Diogène de Laërce nous décrit, se déroule dans une salle du Conseil d'Athènes, sur la colline d'Arès, six siècles avant J-C.
Athènes est alors frappée par la peste et les Athéniens attribuent ce fléau à la colère des dieux après l'attentat contre Cylon, auquel on avait promis la vie sauve, suite à sa tentative avortée de prise du pouvoir en 632 A-JC, pour imposer sa tyrannie.

Voici ce que déclara Nicias, un des membres de l'Aréopage :

« La prêtresse déclare que la ville est sous une terrible malédiction.
Un certain dieu a envoyé cette malédiction sur nous à cause de
l'horrible crime de trahison du roi Mégaclès envers les partisans de
Cylon. »
Nicias répondait ici à la question du président du conseil énoncée en
ces termes :
« Dis-nous Nicias, quel conseil l'oracle pythique t'a-t-il confié ?
Pourquoi cette peste s'est-elle abattue sur nous ? Et pourquoi nos
multiples sacrifices ont-ils été vains ?

L'heure est grave car on entend alors résonner dans la ville des
milliers de chants funèbres !
Nicias ajoute alors : « la prêtresse dit qu'un dieu n'a pas été apaisé et
qu'on ne connaît pas son nom. »
C'est alors que le nom d'Epiménide est évoqué bien qu'il soit un
étranger, ce qui ne plaît pas à beaucoup.
Le président décide alors d'aller le chercher sous les conseils de la
prêtresse.

A son arrivée, Epiménide, le Crètois, s'étonne de voir autant de dieux
alignés sur le bord des routes. Il y en avait des centaines ! Ce à quoi
Nicias répond en riant : « Nous sommes les collectionneurs de dieux
les plus réputés du monde ! »
« Peut-être est-ce là votre problème ! » observe mystérieusement
Epiménide.

Les voici maintenant devant l'aréopage et voici ce qu'Epiménide
déclare à ses membres :
« Demain, à l'aube, tenez prêts un troupeau de moutons, une équipe
de maçons, des pierres et du mortier en quantité, sur la pente herbue,
au pied de ce rocher sacré. Tous les moutons doivent être sains et de
couleurs différentes : des blancs et des noirs. »
Le lendemain matin, dès l'aube, tout le monde est réuni dans
l'expectative.
S'adressant aux anciens, les archontes, Epiménide leur rappelle que
tous leurs sacrifices à tous les dieux ont été vains.
Il leur déclare qu'il va lui aussi offrir des sacrifices en se fondant sur 3
hypothèses :

1) il y a un dieu dont on ne connaît pas le nom qui est impliqué dans ce fléau.
2) Ce dieu est assez grand et assez bon pour agir contre ce fléau, pourvu que nous invoquions son aide.
3) Un dieu assez grand et assez bon pour agir contre la peste est aussi assez grand et assez bon pour juger avec bienveillance notre ignorance, si nous reconnaissons cette ignorance et faisons appel à lui.

Jamais les Athéniens n'avaient entendu ce type de raisonnement !

Epiménide fit alors cette prière d'une voix intense et assurée, après avoir fait lâcher les moutons :
« O toi, le dieu inconnu ! Vois la peste qui accable cette ville ! Et, si tu as la compassion de nous pardonner et de nous secourir, vois le troupeau de moutons ! Révèle-nous que tu es prêt à te manifester, je t'en pris, en faisant se coucher au lieu de paître les moutons que tu choisiras. Les blancs si telle est ta volonté, les noirs si tu le préfères. Ceux que tu auras choisis, ce sont ceux-là que nous te sacrifierons en reconnaissant notre pitoyable ignorance de tes noms ! »
Les moutons se mirent à brouter l'herbe grasse de la colline. Certains observateurs doutaient qu'un seul mouton s'arrête de manger une si bonne pâture !
Or, voici, qu'à l'étonnement général, un bouc se coucha suivi par d'autres, allongés dans une herbe succulente à laquelle aucun herbivore affamé n'aurait pu résister en des circonstances normales.
Epiménide dit alors :
« Enlevez les moutons qui se reposent et marquez l'endroit où ils se trouvent. Puis, construisez un autel à chaque endroit ! »
Le soir même tous les autels étaient prêts.
Restait alors à trouver un nom à inscrire sur les autels, car c'était la coutume. Difficile question à laquelle Epiménide répondit en disant :
« Inscrivez simplement ces mots : agnosto théo, au dieu inconnu. Rien de plus ! »

Les sacrifices eurent donc lieu puis, la nuit tomba.
Dès l'aube du jour, la peste relâcha son étreinte mortelle et en huit jours, les malades guérirent.

Athènes débordait de louanges au dieu inconnu d'Epiménide.
Les autels furent couverts de guirlandes de fleurs.
Le Conseil offrit alors de l'argent à Epiménide qui refusa.
« Le seul présent que je désire, leur dit-il, c'est que nous fassions un
traité d'amitié entre Athènes et Cnossos, ici et maintenant ! »

Platon salue en Epiménide « l'homme inspiré » et reconnaît en lui un
des grands hommes qui ont aidé l'humanité à redécouvrir ce qu'elle
avait trouvé, puis perdu lors du grand déluge. »

Comme on pouvait s'en douter, avec le temps, les Athéniens
oublièrent la miséricorde du dieu inconnu d'Epiménide. Quelques
décennies plus tard, deux anciens, voyant les dégâts, décidèrent de
remettre en état un des autels encore debout pour « garder une preuve
pour la postérité et maintenir vivante l'histoire d'Epiménide dans leurs
traditions.
Le texte complet, tenu pour historique par Diogène Laërce, se trouve
dans un œuvre classique :
« La vie des grands philosophes » (vol 1 p110).

NB : La mention « agnosto théo » n'est pas signalée par Diogène
Laërce mais par Pansanias dans sa « Description de la Grèce » (vol
1v4) et Philostrate dans son « Appolonius de Tyane ».

C'est à Luc, historien et évangéliste du I° siècle que nous devons la
confirmation de l'existence de l'autel au dieu inconnu. Dans sa
narration des aventures de l'apôtre Paul, Luc décrit un évènement qui
prend un relief impressionnant, six siècles environ après l'intervention
d'Epiménide, soit en 53 ap J-C.

Dans Actes 17 v 16, nous lisons :
« Comme Paul attendait à Athènes, il sentait au dedans de lui son
esprit s'irriter à la vue de cette ville pleine d'idoles. »

Il semble que depuis Epiménide, Athènes se soit dotée de nombreuses
autres idoles dont la vue bouleversait Paul.
Luc nous rapporte que Paul s'entretenait chaque jour sur la place
publique avec ceux qu'il rencontrait.

Il s'ensuivit que les philosophes du coin, épicuriens et stoïciens
s'interrogeaient sur Paul :
« Que veut dire ce discoureur ? » disaient certains ; « Il semble qu'il
annonce des divinités étrangères. » disaient d'autres.
Ils entendaient bien le mot « theos » qu'ils avaient l'habitude
d'employer pour toute divinité en général, tout comme le mot
« homme » pour désigner l'humanité.
Ils auraient dû se souvenir que Xénophane, Platon et Aristote, trois
des plus grands philosophes, utilisaient « theos » comme nom pour
désigner un dieu suprême.

Un siècle plus tard, vers 270 ap J-C, les traducteurs de la Septante,
première version grecque de l'Ancien Testament, durent trouver un
nom grec pour traduire le nom hébreu « Yahvé ».
Zeus fut rejeté car il était le fils de 2 autres dieux, Cronos et Rhéa. Un
être créé ne peut être égal avec Yahvé qui est incréé.
Finalement, Theos fut choisi comme nom propre du Tout-Puissant car
exempt de toute connotation réductrice ou parasite.
De même qu'Abram adopta El Elyon pour parler de Yahvé aux
Cananéens, Paul adopta Theos dans ses écrits et dans ses discours.

Revenons à Paul qui s'interroge sur la meilleure façon « d'ouvrir les
yeux des Athéniens, pour qu'ils passent des ténèbres à la lumière »
selon l'ordre de mission qu'il avait reçu de Jésus-Christ. (Actes 26 v
17-18)
Une véritable gageure devant une ville infestée d'idoles !
Comment convaincre les Athéniens polythéistes de la supériorité du
monothéisme ?

C'est alors qu'il aperçoit lors d'une de ses déambulations, un autel
sans idole avec la seule mention « au dieu inconnu » « agnosto theo ».
Paul découvre là la clé de contact qui convient aux cœurs et aux
esprits des philosophes épicuriens et stoïciens, lesquels l'invitent à
s'expliquer devant l'aréopage composé d'éminents Athéniens férus
d'histoire, de religion et de philosophie.
C'est en ce lieu que 600 ans plus tôt, Epiménide avait apporté la
solution au problème de la peste.

Plutôt que de fustiger les Athéniens en raison de leur idolâtrie, Paul va faire référence à leur religiosité.

Actes 17 v 22,23 :

« Hommes Athéniens, je vous trouve à tous égards extrêmement religieux ; car, en parcourant votre ville et en considérant les objets de votre dévotion, j'ai même découvert un autel avec cette inscription « au dieu inconnu ». Ce que vous révérez sans le connaître, c'est ce que je vous annonce. »
Paul connaissait Epiménide car il cite un extrait de ses textes dans son épître à Tite, missionnaire en Crête.

Tite 1 v 12,13 :

« L'un d'entre eux, leur propre prophète, a dit : « Crétois, toujours menteurs, méchantes bêtes, ventres paresseux. Ce témoignage est vrai. C'est pourquoi reprends-les sévèrement afin qu'ils aient une foi saine. »
Par ailleurs, la référence au dieu inconnu a dû réveiller chez les membres de l'aréopage les souvenirs de l'histoire d'Epiménide relatée par Platon, Aristote et d'autres, et, du même coup exciter leur attention.
Paul enchaîne sur l'évidence de la création, puis, sur l'inconséquence de l'idolâtrie qu'il assimile à de « l'ignorance ».

Sa 2° étape va consister à les amener à passer « des ténèbres à la lumière » en entrant dans le cœur du sujet : « Dieu….annonce à tous les hommes, en tous lieux, qu'ils aient à se repentir, parce qu'il a fixé un jour où il jugera le monde selon sa justice, par l'homme qu'il a désigné, ce dont il a donné à tous une preuve certaine en le ressuscitant des morts. »
Ce que Paul a omis de dire, c'est le pourquoi et le comment cet homme devait mourir avant de ressusciter.
D'authentiques chercheurs de la vérité auraient écouté Paul jusqu'à la fin de son discours.
En l'occurrence, ce ne fut pas le cas, car dès l'évocation de la résurrection, Paul fut l'objet de moqueries.

Seuls, quelques-uns dont Denys l'aréopagite et une femme Damaris s'attachèrent à lui et le suivirent.
Denys, tiré de Dyonisos, dieu grec dont la théologie comprenait un concept de mort-résurrection !

Plus tard, l'apôtre Jean, dans un même esprit philosophique que Paul qui adopta le terme theos, utilisa celui de logos, apprécié des stoïciens, pour désigner Jésus.
Ce « logos » avait été employé pour la 1° fois pas Héraclite, philosophe grec, environ 600 avant J-C. Il signifiait simplement « mot », « parole ».
Or, les juifs insistaient sur le memra du Seigneur , terme araméen qui désigne la parole , le mot.

Ainsi pour Jean, ces deux termes expriment dans leur essence la même vérité théologique qui désignait Jésus-Christ comme la manifestation des deux.

Jean 1 v 1-4 :

« Au commencement était le Logos et le Logos était avec Theos, et le Logos était Theos….
Et le Logos a été fait chair et a habité parmi nous. »

Comme nous pouvons le constater, l'utilisation de ces 2 termes grecs, Theos et Logos, associent le facteur Melchisédek qui représente la révélation générale, et le facteur Abraham, qui représente la révélation spéciale.
L'un comme l'autre seront utilisés par les premiers ambassadeurs chrétiens pour placer la personne de Jésus-Christ dans les contextes respectifs des cultures juives et grecques, logos pour les premières, theos pour les secondes.
En d'autres termes, nous constatons que le concept d'un dieu créateur, ordonnateur de tout ce qui vit, juge suprême et miséricordieux, agissant parmi les hommes, n'est pas resté caché mais qu'il s'est révélé dans son altérité transcendante aux hommes chercheurs de vérité à travers sa révélation générale.

Nous avons aussi pu noter que ces hommes lui attribuèrent des noms différents qui le désignaient comme porteur des mêmes attributs.

Souvenons-nous de El Elyon de Melchisédek, du dieu inconnu d'Epiménide, du Yahvé d'Abram, puis du Theos et du Logos de Luc. En suivant cet itinéraire linguistique, nous pouvons observer une progression de la révélation de Dieu qui, du général s'achemine vers le particulier. Or, ce qui est remarquable, c'est que Jésus-Christ synthétise le général et le particulier dans la révélation de sa personne. Il est tout à la fois Dieu et Parole de Dieu, Theos et Logos !

Par ailleurs, il ne vous a pas échappé que l'utilisation des termes grecs pour désigner Dieu, n'est pas anodine. Ils ont été adoptés pour être compréhensibles par les populations païennes de culture grecque. On retrouve d'ailleurs ce même souci de Dieu de préparer les esprits à la compréhension de son être et de son Christ lorsqu'il utilise des métaphores désignant le Messie, telles que l'Agneau de Dieu ou le lion de la tribu de Juda.

En d'autres termes, nous pouvons nous poser légitimement la question suivante :
« Si le Tout-Puissant a ainsi procédé à l'égard des Grecs et des Cananéens pour faciliter l'œuvre du salut, n'en aurait-il pas fait autant pour d'autres cultures païennes ?
Autrement dit, le Dieu qui a préparé l'Evangile pour le monde, n'aurait-il pas aussi préparé le monde pour l'Evangile ?
La suite de cette étude nous démontrera que la réponse est positive et qu'une multitude de non-chrétiens se sont montrés bien plus désireux de recevoir l'Evangile que les chrétiens eux-mêmes ne l'ont été de le partager.
Ainsi en fut-il des Incas, des Santals, des Gédéos d'Ethiopie, des Mbakas, des Chinois et des Coréens parmi de nombreux autres.

Les anthropologues envoyés aux 4 coins du globe pour étudier les cultures des peuples, étaient conditionnés par l'idée que le monothéisme était un invention humaine, fruit d'une évolution de la pensée.

Leurs découvertes allaient bouleverser ces a priori, comme nous allons le voir avec les peuples que nous venons de citer.

B) Les Incas :

L'apôtre Paul appelait Epiménide un prophète. On se demande quel titre il aurait donné à Pachacuti ou Pachacutec, dont la prescience spirituelle, tout païen qu'il était, dépassait de loin celle d'Epiménide. Pachacuti fut roi du peuple inca d'Amérique du Sud de 1438 à 1471. D'après Philip Ainsworth Means, éminent historien d'histoire ancienne des Andes, ce fut Pachacuti qui amena l'empire inca à son apogée.
Il fut un grand bâtisseur, notamment d'un ensemble fabuleux tout en or à Coricancha « dont la magnificence allait égaler le Temple de Jérusalem construit par Salomon »
(Alfred Metraux : histoire des Incas.)(Anthropologue suisse : 1902-1963)

Il dressa des forteresses aux frontières orientales pour empêcher les invasions des tribus amazoniennes.
L'une d'elles, le majestueux Machu Pichu devient un temps le dernier refuge de la haute société inca qui fuyait la violence grossière des conquistadors espagnols qui ne la découvrirent jamais car construite sur une crête vertigineuse invisible des sommets moins élevés.
Pendant des siècles, le Machu Pichu restera ignoré car recouvert d'une jungle épaisse ; seuls quelques Indiens Queshua en connaissaient l'existence.
Il la révélèrent à un missionnaire prebytérien écossais, Thomas Paine en 1900 qui en averti la Société Royale d'Archéologie d'Angleterre qui refusa d'envoyer une expédition.

Cependant, un anthropologue de Yale, Hiram Bingham, localisa le site et devint l'homme de renommée mondiale qui avait découvert Machu Pichu, « la cité perdue des Inca. »
Il oublia de citer Thomas Pain et parla de « rumeurs locales ! »

Comme Epiménide, Pachacuti était un explorateur spirituel qui, selon l'apôtre Paul dans Actes 17 v 17, a cherché, découvert, trouvé un dieu

plus grand que tous les dieux de sa propre culture. Mais,
contrairement à Epiménide, il n'a pas voulu laisser le dieu de sa
découverte dans la catégorie « inconnu ».
Il l'identifia en lui donnant un nom et fit même plus encore.

Nous savons tous que le dieu des Incas était Inti, le soleil.
Or, en 1575, soit 100 ans après la mort de Pachacuti, à Cuzco,
Cristobel de Molina, prêtre espagnol, rassembla un certain nombre
d'hymnes incas ainsi que certaines traditions s'y rapportant, remontant
au règne de Pachacuti lesquels ne mentionnaient pas Inti !
Il les écrivit en langue queshoua avec une orthographe adaptée de
l'espagnol, les Incas n'ayant pas de langue écrite.
La collection de Molina, redécouverte récemment par les savants, les
plongea dans l'émerveillement. L'authenticité de cette compilation fut
confirmée par la découverte d'un hymne, miraculeusement préservé
par Yamqui Salcamayga Pachacuti, un chroniqueur indien du 17°
siècle.
La comparaison des divers documents ne laisse aucun doute sur leur
commune origine – même tradition littéraire et religieuse, selon Alfred
Metraux.
Il affirme ceci :
« Par la profondeur de la pensée et son envolée lyrique, l'hymne
conservé par Yamki supporte la comparaison avec les plus beaux
Psaumes ! »

Mais, qu'y avait-il de si révolutionnaire dans ces hymnes ?
Pachacuti était un roi qui adorait Inti à un point tel qu'il reconstruisit
son temple. Plus tard, il exprima un doute quant à la crédibilité de son
dieu.
Ecoutons ce que dit Philip Ainsworth Means (1892-1944) historien et
archéologue, directeur du Musée National d'archéologie de Lima au
Pérou :

« Pachacuti fit remarquer que ce luminaire suivait toujours la même
course, accomplissait des tâches définies et respectait un certain
horaire, tout comme un travailleur. »

Autrement dit, si Inti était Dieu, pourquoi ne faisait-il pas quelque chose d'original ?
Le roi poursuit en notant que « l'éclat du soleil était à la merci du moindre nuage. »
Donc, si Inti était vraiment Dieu, « rien de ce qui est créé ne pourrait en obscurcir le rayonnement ! »

Pachacuti prend alors conscience avec consternation qu'au lieu du Créateur, il a adoré la création !
Il se pose alors avec courage la question suivante :
« Si Inti n'est pas le vrai Dieu, qui donc est le vrai Dieu ? »

N'ayant aucune connaissance judéo-chrétienne, où donc va-t-il trouver la réponse ?
Tout simplement dans les traditions anciennes de sa propre culture !

N'oublions pas ces paroles de Paul dans Actes 14 v 16-17 :
« Dieu, dans le passé avait laissé toutes les nations suivre leurs propres voies, quoiqu'Il n'ait cessé de rendre témoignage de ce qu'Il est. »

C'est ainsi qu'il se souvint du nom de **Viracocha,** le Seigneur, le créateur tout-puissant de toutes choses.
Seul restait de l'ancien culte inca à Viracocha, un autel nommé Quishuarcancha, situé dans la partie supérieure de la vallée Vilcanota.
Pachacuti se souvint que son père, Hatun Tupac, avait, dans un rêve, reçu une parole de Viracocha qui lui avait révélé être le véritable « créateur de toutes choses ». Et, Hatun Tupac, s'était promptement attribué ce nom de Viracocha !

Le concept de Viracocha remontait donc probablement à des temps très anciens, le culte de Inti et d'autres dieux, n'étant que des déviations récentes d'un système religieux à l'origine plus pur.
Ceci est corroboré par la remarque de Métraux qui souligne que des «types de Viracocha » se retrouvent dans les cultures indiennes, de l'Alaska à la Terre de Feu, alors que le culte du soleil n'apparaît que dans un nombre limité de cultures.

Pachacuti a compris que son père n'avait pas tiré parti de sa
découverte fondamentale et authentique.
Il décide alors d'aller plus loin dans la découverte de ce Dieu créateur
de toutes choses qui mérite l'adoration, et d'en faire la promotion.

Il réunit alors dans la ville de Coricancha les prêtres du soleil dans une
sorte de concile, et leur expose ses doutes quant à Inti :
    1) Inti ne peut être universel s'il répand sa lumière sur les uns, tout
       en la refusant aux autres.
    2) Il ne peut être parfait s'il ne peut jamais rester calme et en repos.
    3) Il ne saurait être tout-puissant si le moindre nuage peut le voiler.

Ensuite, il fait appel à la mémoire collective de l'élite de ses sujets
concernant le tout-puissant Viracocha, en énumérant ses attributs
impressionnants :

« Il existe depuis très longtemps, il est lointain, au-dessus de tout ! Il
n'a pas vulgairement besoin d'un consort. Il se manifeste
trinitairement quand il le désire…sinon, seuls des archanges et une
armée céleste l'entourent dans sa solitude. Il a créé tous les peuples
par « sa parole » ainsi que tous les « huacas ou esprits ». Il est la
providence de l'homme, il préside à sa destinée et pourvoit à ses
besoins. Il est en vérité le principe de la vie car il vivifie l'homme par
son fils créé, Punchao (le disque du soleil curieusement distinct
d'Inti). Il procure la paix, il est le grand ordonnateur. Il est source de
bénédiction et a pitié de la faiblesse humaine. Lui seul juge et absout
les hommes et les aide à combattre leurs mauvais penchants. »

Sur la lancée de ce concile, Pachacuti décréta qu'on devait prier
Viracocha avec vénération et humilité et qu'Inti devait être considéré
comme une entité de la même nature qu'eux.
Il composa alors des hymnes fervents à Viracocha que l'on retrouve
dans la collection de Molina.
Certains prêtres du soleil réagirent avec hostilité car ils craignaient de
perdre leurs droits acquis. D'autres acceptèrent de suivre la logique de
Pachacuti et de se soumettre à Viracocha.

La difficulté de convaincre les masses habituées à adorer Inti,
conduisit Pachacuti à avoir recours à un expédient politique :
« Il décréta que le culte de Viracocha serait réservé à la caste
gouvernante, car trop subtil et sublime pour le vulgaire. »
Ce faisant et contre son gré, il céda à la pression des classes aisées,
alors qu'il aurait voulu que le peuple accepta sa réforme.
Or, le peuple reste, alors que les classes aisées sont de courte durée !
Ce fut le cas lorsque, un siècle après la mort de Pachacuti, elles furent
massacrées par les conquistadores espagnols conduits par Pizarro.
C'est ainsi que les espoirs de réforme s'éteignirent avec la disparition
de ceux qui en étaient les porteurs.
Si des missionnaires chrétiens d'Europe étaient venus au Pérou deux
ou trois générations avant les Conquistadores, on peut imaginer
l'accueil qui leur auraient été fait par la famille royale et les grands de
l'Empire Inca, déjà conquis au monothéisme et à l'adoration de
Viracocha.

Le choix de Pachacuti d'un Dieu au-dessus du soleil au 15° siècle est
aussi étonnant que de trouver un Abraham à Ur ou un Melchisedek en
Canaan !

Tout comme les Athéniens et les Crétois de l'époque d'Epiménide, les
Incas du temps de Pachacuti sont morts sans entendre la bonne
nouvelle de Jésus-Christ.
Ne se trouve-t-il pas des peuples païens qui ont pressenti Dieu, et qui
eux, ont reçu la bénédiction de l'Evangile ?

L'histoire en nomme beaucoup et parmi eux les Santals.

C) Les Santals :

En 1867, un missionnaire norvégien, Lars Skrefsrud et son collègue
danois, Hans Borresen, découvrirent 2.5 millions d'hommes, les
Santals, dans une région de l'Inde, au nord de Calcutta.
Skrefsrud, extraordinairement doué pour les langues, eut vite fait de
parler la langue des Santals qui venaient en foule pour écouter un
étranger parler comme eux !

Dès qu'il le put, il annonça l'Evangile à ce peuple éloigné des influences juives ou chrétiennes, se demandant comment ils allaient réagir.
A sa grande stupéfaction, les Santals furent saisis presque instantanément par le message de la Bonne Nouvelle.

Certains anciens dont le dénommé Koléan, s'écrièrent :
« Ce que dit cet étranger prouve que **Thakur Jiu** ne nous a pas oubliés après tout ce temps ! »

Thakur signifiait dans leur langue : vrai, et Jiu : Dieu. Thakur Jiu était donc « Le vrai Dieu ! ».

A l'évidence le concept du Dieu unique et suprême ne leur était pas étranger.

Comment connaissez-vous **Thakur Jiu**, leur demanda-t-il ?
« Nos ancêtres le connaissaient depuis longtemps. » lui répondirent-ils.

Alors, pourquoi ne l'adorez-vous pas, au lieu du soleil ou pire des démons ?
Koléan, le sage, répondit alors :
« Laisse-moi te raconter l'histoire depuis le commencement ! »

« Il y a très longtemps, **Thakur Jiu**, le vrai dieu, créa le premier homme, Haram, et la première femme, Ayo. Il les plaça loin à l'ouest de l'Inde, en un lieu nommé Hihiri Pipiri. Là, un être du nom de Lita les poussa à boire de la bière de riz. Puis, il les incita à en répandre sur le sol en offrande à Satan. Ils s'enivrèrent avec le reste et s'endormirent. A leur réveil ils surent qu'ils étaient nus et en eurent honte.
Ayo enfanta 7 fils et 7 filles à Haram, qui se marièrent et fondèrent 7 clans. Ceux-ci partirent dans une région qu'on appelle Kroj Kaman et sombrèrent dans la corruption.
Thakur Jiu appela l'homme « à revenir à Lui ».
Sur le refus de celui-ci, Thakur Jiu cacha un « couple saint » dans une caverne du Mont Harata (cf Ararat)

Puis, il détruisit le reste de l'humanité dans un déluge. Les descendants du couple saint se multiplièrent et s'en allèrent habiter une plaine du nom de Sasan Beda (le champ de moutarde) où Thakar Jiu les répartit en de nombreux peuples différents.
Une branche de l'humanité émigra en un lieu nommé Jarpi, puis continua vers l'Est quand ils furent arrêtés par de hautes montagnes. »
En ce temps-là, poursuivit Kolean, ceux que nous appellerons les proto-Santals, en tant que descendants du couple saint, reconnaissaient encore Thakur Jiu comme le vrai dieu.

Mais, devant la difficulté et la fatigue du voyage, ils perdirent leur foi en Lui et firent un premier pas vers le spiritisme.
« Les esprits de ces hautes montagnes nous barrent le chemin. Allons, lions-nous à eux par serment et ils nous laisserons passer. » dirent-ils.
Ils firent alliance avec les « Maran Buru » les esprits de la grande montagne.

« ô, Maran Buru, si vous nous ouvrez le chemin, nous pratiquerons le rite d'apaisement des esprits quand nous arriverons de l'autre côté. »
Ils arrivèrent bientôt à un passage dans la direction du soleil levant.
(Est-ce la passe de Khyber entre l'Afghanistan et le Pakistan ?)
Ils lui donnèrent le nom de Bain, qui veut dire : « passage du jour. »
C'est ainsi qu'ils débouchèrent dans les plaines de ce qu'on appelle aujourd'hui, l'Inde.
D'autres migrations les conduisirent vers des régions entre l'Inde et le Bangladesh où se trouve actuellement le peuple santal.
Après avoir franchi « la porte du jour », les Santals se sentirent obligés d'accomplir le vœu que leurs ancêtres avaient fait aux Maran Buru.
C'est à cause de ce serment, et non parce qu'ils aimaient les Maran Buru, qu'ils commencèrent à pratiquer « l'apaisement des esprits », la sorcellerie et même l'adoration au soleil. »

Kolean termina son récit par ces paroles :

« Au commencement, nous n'avions pas plusieurs dieux. Nos ancêtres obéissaient à Thakur seul. Après avoir trouvé d'autres dieux, nous avons négligé Thakur un peu plus chaque jour, jusqu'à ne garder que son nom. De nos jours, certains disent que le dieu soleil est Thakur. C'est pourquoi, lors des cérémonies religieuses, certains regardent le soleil…et parlent à Thakur. Mais, les ancêtres nous enseignent que Thakur est autre. On ne saurait le voir de ses propres yeux, mais, il voit tout. Il a créé toutes choses. Il a tout ordonné et pourvoit à tout. »

Certains missionnaires auraient pu dire : « Oubliez votre Thakur ! Je vais vous annoncer qui est le vrai Dieu ! »

Mais, Skerfsrud se souvenait qu'Abram avait reconnu en El Elyon, le dieu de Melchisedek, le Yahvé qui lui avait parlé ! Il se souvenait que Paul, Barnabas et Jean et leurs successeurs avaient adopté les noms grecs Logos et Theos des philosophes grecs pour désigner le Tout-Puissant.
Et comme eux, il décida de se référer à Thakur Jiu pour parler aux Santals du Dieu créateur.

Ainsi serait-il amené à parler de Jésus comme étant le Fils de Thakur Jiu !
Ainsi en fut-il lorsque Jésus fut appelé le fils de Theos ou de Deus et par conséquent de Dieu !

L'évocation de Thakur Jiu, familier à tout auditoire santal, était de nature à raviver les souvenirs du dieu souverain et créateur et à ouvrir les cœurs à l'Evangile.

C'est ainsi que lors des prédications de Skrefsrud et de Borresen, des milliers de personnes les supplièrent de leur apprendre comment se réconcilier avec Thakur Jiu par Jésus-Christ !

On assista alors à de nombreuses conversions suivies de baptêmes, jusqu'à 80 joyeux baptêmes par jour, ce qui ne manqua pas de susciter des réactions dubitatives chez les pasteurs des églises « en Europe chrétienne » !

Le public chrétien, quant à lui, était émerveillé de telles nouvelles lors des conférences des 2 missionnaires.

Pendant son séjour en Inde, Skrefsrud totalisa 15000 baptêmes. Il traduisit dans le même temps une grande partie de la Bible en langue santale, fit une grammaire et un dictionnaire, rassembla de nombreuses traditions pour la postérité, et obtint du gouvernement colonial anglais une loi protégeant la minorité santale contre une exploitation impitoyable des voisins hindous.
La tâche dépassant leurs moyens, ils demandèrent de l'aide qui leur fut envoyée et qui, en quelques années augmenta le nombre de baptisés de 85000 croyants santals.
D'autres missions les rejoignirent dont les envoyés n'eurent pas le tact, l'à-propos et le brio de leurs prédécesseurs. Le zèle pour l'évangélisation et pour la création de nouvelles églises se refroidit graduellement de sorte que la progression du nombre de croyants se rapprocha de celle des églises européennes.

Il convient de souligner que le cas des Santals est loin d'être unique car il exista de nombreux peuples du monde non chrétien qui furent souvent plus disposés à recevoir l'Evangile que les chrétiens à le leur apporter.

D) Une brève réflexion sur les effets de ces découvertes chez les évolutionnistes :

Le schéma des évolutionnistes comme Huxley, Spencer et d'autres, partaient de l'hypothèse suivante :
« Partant de l'idée d'âme ou d'esprit dans l'être humain, et de la notion de propitiation qui y était liée, les hommes passèrent graduellement des fétiches aux dieux hiérarchisés, puis aux dieux de la nature et au polythéisme en général, pour accéder enfin à la conception d'un Etre suprême. »

Or, cette théorie va être mise à mal par les découvertes des jeunes anthropologues envoyés sur le terrain.
Certes, certains semblèrent donner raison aux évolutionnistes en se contentant de ne rapporter que les notions d'esprits, de mânes, de tabous, de sorcellerie et de magie découvertes chez les peuples « primitifs », forgeant ainsi le terme « d'animisme » pour désigner ce

qui devait être à leurs yeux, le tout premier stade dans l'évolution de la religion.

Mais, dans le même temps, dans de nombreux autres lieux, certains autres jeunes anthropologues étaient arrivés à un niveau d'interrogations beaucoup plus profondes.

C'est ainsi qu'aux questions suivantes, il leur fut répondu :

Qui a fait le monde ? Un être unique qui est au ciel !
Est-il bon ou mauvais ? Bon, évidemment !
Montrez-moi l'idole qui les représente ! Quelle idole ? Ne savez-vous pas qu'il ne doit jamais être représenté par une idole ?

Ces jeunes chercheurs découvrirent alors ce que des milliers de missionnaires savaient déjà depuis 100 ans, à savoir que 90% des religions tribales sont imprégnées de présupposés monothéistes. Malheureusement, sous la pression des courants d'idées évolutionnistes, nombreux furent ceux qui mirent aux archives leurs découvertes pour ne pas freiner leur ascension professionnelle en déplaisant à leurs grands prêtres, Huxley, Tylor etc…

Andrew Lang fut le seul à protester contre la suppression de ces données gênantes.
Ecrivain écossais (1844-1912) il était historien, spécialiste des mythologies et des religions en même temps qu'anthropologue.

Dans les années 1930, le docteur Wilhem Schmidt (1868-1955), linguiste autrichien éminent, ethnologue et historien des religions, compila tous les « alias du tout-puissant » découverts dans le monde entier par les chercheurs.
Il lui fallu 6 volumes d'un total de 4500 pages pour les détailler tous.
Depuis lors, au moins 1000 autres exemples ont été révélés ajoutant 6 volumes aux autres précédents.
Publié en 1934, son livre « l'origine du concept de Dieu » « Der Ursprung der Gottesider », rend hommage à Andrew Lang qui, selon les termes de l'anthropologue Gordon Fraser, « rendit public les faits dont il est question, à une époque où c'était un suicide intellectuel de s'opposer à la doctrine de l'évolution et de ses grands prêtres ! »

L'apôtre Jean dans le prologue de son évangile Ch 1 v 5 disait ceci :
« La lumière luit dans les ténèbres et les ténèbres ne l'ont pas
arrêtée. » (Bible Semeur)
Tous ces témoignages montrent que si Abraham reçut une révélation
spéciale en vue d'annoncer le salut en Jésus-Christ, Dieu n'a jamais
caché sa transcendance à ceux qui aspiraient à connaître la vérité. Il
les a même préparés à accueillir la bonne nouvelle du salut.
Ce fut le cas des Gédéos d'Ethiopie.

E) Les Gédéos d'Ethiopie :

Très loin, dans les collines du centre sud de l'Ethiopie, habitent des
tribus de planteurs de café qui partagent une même croyance en un
être bienveillant, **Magano,** créateur tout-puissant de tout ce qui est.
Parmi ces tribus, il en est une qui rassemble les Gédéos, forts de
500000 membres.
Cependant, peu d'entre eux priaient Magano. Ils semblaient surtout
soucieux d'apaiser un mauvais esprit du nom de Sheit'an.
Harold Fuller, membre de la Mission Intérieure du Soudan cite dans
son livre « Run while the sun is hot » Albert Grant qui posa la
question suivante aux Gédéos :
« Comment se fait-il que vous ayez pour Magano tant de crainte
respectueuse, alors que vous sacrifiez à Sheit'an ?
Ils lui répondirent :
« Nous sacrifions à Sheit'an, non parce que nous l'aimons, mais parce
que nous n'avons pas de relations assez étroites avec Magano pour
nous permettre d'en finir avec Sheit'an ! »

Or, parmi ces Gédéos, il y en eut un qui rechercha une réponse
personnelle de Magano.
Son nom : Warrasa Wange.
Sa position : apparenté à la « famille royale » de la tribu.
Son domicile : Dilla, une ville située aux confins du pays.
Son mode d'approche de Magano : une simple prière lui demandant
de se révéler à son peuple.

La réponse ne tarda pas. Des visions surprenantes s'emparèrent
violemment de son esprit.
Il vit deux inconnus à peau blanche ériger pour eux deux abris légers,
à l'ombre d'un grand sycomore, à Dilla sa ville natale.
Puis, ils firent des constructions plus durables avec des toits brillants.
La colline en fut bientôt parsemée. Il n'avait jamais rien vu de
semblable, ni dans la structure des huttes provisoires, ni dans celle des
habitations plus solides.
Les Gédéos n'avaient que des toits d'herbes.
Puis, il entendit une voix :
« Ces hommes t'apporteront un message de Magano, le Dieu que tu
cherches. Attends-les ! »

La vision se terminait ainsi : Warrasa ôtait le poteau central de sa
maison ce qui, dans le symbolisme de sa tribu, représentait sa propre
vie. Puis, il le transportait hors de la ville et le plantait à proximité
d'une des maisons à toit brillant des inconnus.

Warrasa comprit alors que sa vie allait s'identifier à celle des
étrangers, à leur message et à Magano qui les enverrait.

Il attendit 8 ans, années durant lesquelles d'autres devins de sa tribu
prophétisèrent que les étrangers arriveraient bientôt avec un message
de Magano.

Le jour arriva en décembre 1948 où un canadien aux yeux bleus et son
compagnon Glen Cain apparurent dans une vieille voiture bosselée et
cahotante.
Ils avaient pour mission de commencer un travail pour la gloire de
Dieu parmi les Gédéos.

Ils avaient espéré obtenir la permission de s'installer au centre même
du pays gédéo, mais ils avaient été avertis que leur demande serait
refusée pour des raisons politiques.
Il leur avait été suggéré par des Ethiopiens favorables à la mission
d'aller jusqu'à une ville du nom de Dilla où leur présence éloignée et
excentrée poserait moins de problème.

« Et voilà, dit Brant à Cain, c'est tout au bout du pays, mais il faudra bien s'en contenter ! »

Arrivant à Dilla, ils virent le sycomore au loin et décidèrent de planter leur tente sous son ombrage en raison de la chaleur accablante.

Warrasa les entendit et déboucha au moment où la voiture s'arrêtait sous les branches.

Lentement, il s'approcha, étonné…

Trente ans plus tard, Warrasa – devenu un merveilleux croyant en J-C, Fils de Magano- avec Brant et bien d'autres, dénombrait plus de 200 églises parmi les Gédéos et pour chacune, une moyenne de 200 membres.

Avec son aide et celle d'autres habitants de Dilla, l'Evangile a touché presque toute la tribu malgré la situation périphérique de la ville !

Le cas de Gédéos est loin d'être unique et des milliers de missionnaires chrétiens ont eu la surprise d'être accueillis avec enthousiasme par certaines des peuplades les plus lointaines.

En général, le « dieu du ciel », terme cher aux anthropologues, ne révélait pas ce qu'était exactement la bonne nouvelle apportée par ses messagers.

Il y eut cependant des exceptions comme ce fut le cas extraordinaire des Mbakas.

F) Les Mbakas de la République Centrafricaine :

Dans plusieurs langues bantoues d'Afrique, **Koro** est le nom donné au Créateur.

Une de ces tribus, les Mbakas, est peut-être de toutes les tribus du monde, celle qui a prédit, non seulement qu'un message viendrait de Koro, mais en partie ce qu'il contiendrait.

Les Mbakas vivent près de Sibyut, en Centrafrique.

Le missionnaire Eugène Roseneau, docteur en philosophie, était toujours captivé par la façon dont ils reçurent l'Evangile de la bouche de son père Ferdinand Roseneau et de ses compagnons baptistes, dans le village de Yablangba, au début des années 1920.

Voici ce que les Mbakas lui rapportèrent :
« Il y a bien longtemps, Koro, le Créateur, avertit nos ancêtres qu'Il avait envoyé son Fils dans le monde accomplir des merveilles pour toute l'humanité. Plus tard, cependant, ils se détournèrent de cette vérité. A un moment, ils oublièrent même ce que le Fils était venu accomplir dans le monde. Depuis ce temps « d'oubli », des générations successives aspirent à découvrir la vérité sur le Fils de Koro. Mais tout ce que nous avons pu apprendre, c'est que des messagers viendraient un jour restaurer en nous cette connaissance. Nous savions plus ou moins que les messagers auraient la peau blanche.. ..En tout cas, nous avons décidé que lorsque les messagers de Koro viendraient, nous les accueillerions tous et croirions à leur message ! »

Ferdinand Roseneau découvrit, en outre, que les hommes du village de Yablangba, étaient considérés comme les « gardiens de la connaissance de Koro », sorte de clan lévitique à l'intérieur de la tribu. Comment ces hommes reçurent-ils l'Evangile ?

Selon Eugène Roseneau, les Mabkas de Yablangba acceptèrent si totalement l'Evangile que l'on constata avec surprise en 1950 que 75 à 80% de tous les pasteurs africains formés par Eugène et ses collaborateurs venaient d'un seul et même village, Yablangba.
Cette proportion changea au fur et à mesure que d'autres Africains de la République Centrafricaine étaient touchés et devenaient des chefs après avoir été instruits par les pasteurs de Yablangba.

Deux autres exemples vont nous conforter dans l'idée que Dieu a préparé les peuples à recevoir son Evangile.

G) Les Chinois et les Coréens :

Les Chinois l'appellent **Shang Ti**, le Seigneur des cieux.
Certains érudits pensent que du point de vue linguistique « Shang Ti »
est à rapprocher du terme hébreux « Shaddai » comme dans El
Shaddai, le Tout-Puissant.
En Corée, son nom est **Hananim**, Celui qui est Grand.
La croyance en Shang Ti / Hananim a existé un nombre de siècles
indéterminés avant le confucianisme, le taoïsme et le bouddhisme
En fait, d'après The Encyclopedia for Religions and Ethics (Vol 6 p
272), la première référence à une croyance religieuse dans l'histoire de
la Chine, fait seulement état de Shang Ti comme objet de cette
croyance.
Quant à l'ancienneté de la référence, elle serait de l'ordre de 2600
avant Jésus-Christ, donc plus de 2000 ans avant la naissance du
confucianisme ou de toute autre religion structurée en Chine.
Qu'il s'agisse de Chine ou de Corée, les croyants semblent avoir
compris dès le début que Shang Ti / Hananim ne doit jamais être
représenté par des idoles.
Les Chinois, pour leur part, ont rendu librement un culte à Shang Ti
jusqu'à l'aube de la dynastie Zhou (1006-770 avant J-C). C'est alors
que les chefs religieux chinois, soucieux de souligner la majesté et la
sainteté de ShangTi, ont peu à peu perdu de vue son amour et sa
miséricorde envers l'homme. Ils firent bientôt en sorte qu'ils se
retrouvèrent dans un cercle si restreint que seul l'empereur était jugé
« assez bon » pour adorer Shang Ti, et ceci, une fois par an !
Le petit peuple, à partir de ce moment-là, eut l'interdiction de rendre
directement hommage à son Créateur. L'empereur, leur père, prendrait
soin de tout, leur était-il dit !

On peut établir là un tragique parallèle avec la décision que prendra
plus tard Pachacuti chez les Incas, de limiter le culte de Viracocha à la
haute société. Non seulement cette décision a privé le peuple de
Viracocha, mais elle l'a laissé sans adorateurs, une fois que les
Conquistadors eurent supprimé la haute société inca.

De même la politique impériale en Chine, non seulement priva le peuple de Shang Ti, mais elle le laissa virtuellement sans adeptes parmi les Chinois à cause de ce qui s'ensuivit.

Le fait de couper le peuple de sa dévotion habituelle à Shang Ti créa un vide spirituel en Chine.
Or, ce vide ne pouvait pas perdurer sans que quelque chose ne s'y précipitât pour le combler.
Il est, en effet, significatif qu'à peine trois siècles après la fin de la dynastie Zhou, trois religions absolument nouvelles surgirent de nulle part pour essayer de remplir ce vide.

La première, le confucianisme, commença par apprendre aux masses à limiter leurs dévotions au culte des ancêtres, tout en donnant la priorité au développement d'une société meilleure sur la terre.
« Ne soyez pas en souci pour Shang Ti, conseillait Confucius, il est bien trop élevé et inaccessible pour le peuple. Que l'empereur s'en occupe, qui seul peut être médiateur ! »
En d'autres termes, le confucianisme essaya simplement d'édifier une structure humaniste autour du statu quo.
Le culte des ancêtres était une poire pour la soif et trompait l'instinct religieux au lieu de le satisfaire.
Favorisé par la classe dirigeante pour des raisons évidentes, le confucianisme commença à gagner du terrain. Cependant, son enseignement ne pouvait satisfaire les aspirations religieuses de la grande majorité des Chinois.
C'est ainsi que le taoïsme apparut comme une alternative qui se voulait populaire, au confucianisme.
Cette solution proposée aux cœurs douloureusement affamés était un amalgame de magie, de philosophie et de formules mystiques. Les taoïstes raillaient dans le confucianisme la recherche d'une société idéale. L'ordre universel, disaient-ils, favorise résolument le statu quo et résisterait avec entêtement à tout effort d'amélioration.
Le taoïsme, lui aussi, gagna du terrain sans pour autant apaiser la faim spirituelle.

Vint alors, par delà l'Himalaya, une religion nouvelle : le bouddhisme.

Il semble incroyable que le bouddhisme ait été bien accueilli en Chine, car il mettait l'accent sur le célibat. Or, rien ne pouvait être davantage en abomination pour les Chinois qui idéalisaient le mariage et la procréation !
Et cependant, le bouddhisme obtint rapidement l'adhésion massive du peuple et finit par éclipser à la fois le confucianisme et le taoïsme en devenant la première religion de Chine.

Pourquoi le bouddhisme eut-il un tel succès ?

En premier lieu, les maîtres bouddhistes évitèrent toute confrontation avec tout ce qui était contradictoire. Ils changèrent et adaptèrent constamment leurs doctrines afin de les rendre acceptables aux Chinois.
Le bouddhisme se fondit dans la société chinoise comme le beurre chaud sur le pain frais.
Pour la majorité qui s'entêtait à mépriser le célibat, les prêtres bouddhistes trouvèrent obligeamment d'autres moyens par lesquels les Chinois mariés pouvaient gagner leurs bons points vers l'éternité.
Toutefois, la principale raison de l'accueil fait au bouddhisme par des millions de Chinois était claire et nette : cette religion se montrait prête à leur donner des dieux qu'ils pouvaient adorer.
Non pas que Gautama, fondateur du bouddhisme, ait voulu que ses adeptes enseignent l'idolâtrie. Il leur avait d'ailleurs conseillé de ne pas faire une nouvelle religion.
A ses débuts, le bouddhisme voulait seulement réagir contre certains excès de l'hindouisme et il était autant centré sur l'homme que le confucianisme, sinon plus.
Cependant les fidèles de Gautama en vinrent rapidement à la conclusion pragmatique que les masses, privées de culte, avaient besoin de divinités devant lesquelles se prosterner, et pas seulement d'idéaux auxquels aspirer et dont l'homme était le centre.

Les prêtres bouddhistes virent là une occasion de supplanter le confucianisme humaniste et le taoïsme mystique avec sa philosophie, sa magie et ses superstitions.

Ont-ils conseillé un retour à **Shang Ti** ?

C'eût été empiéter sur le domaine que l'empereur considérait comme sien.

Ils encouragèrent alors le Chinois à adorer Gautama lui-même en tant que Bouddha, le Sage.
Ce dernier a dû se retourner dans sa tombe !
Comme les Chinois avaient du mal à se représenter mentalement un Gautama indien, les prêtres firent de lui des statues appropriées avec des yeux bridés !
A un moment quelqu'un préconisa de brûler de l'encens devant les statues commémoratives pour favoriser l'adoration. Bientôt, tout le monde sut que ces statues étaient devenues des idoles mais personne ne s'en formalisa.

Le bouddhisme avait fourni des dieux mais pas « le vrai Dieu. »

Shang Ti, le Dieu qu'avaient invoqué beaucoup des pères fondateurs de la Chine, n'avait aucune place dans le bouddhisme ! Shang Ti, grâce auquel, selon les historiens de la Chine, le pays était devenu une grande nation, n'était plus considéré comme un Dieu que le peuple pouvait invoquer.
Tout comme le culte d'Inti avait presque totalement effacé le souvenir de Viracocha, le bouddhisme détourna presque définitivement la majorité des Chinois, et plus tard, le Coréens de Shang Ti / Hananim. Presque….
En effet, malgré l'influence conjuguée des 3 religions concurrentes, le souvenir tenace de Shang Ti restait.
Chinois et Coréens en parlaient de temps à autre avec curiosité et une sorte de révérence.

La question qui se pose à nous est de savoir si les premiers missionnaires porteurs d'une révélation spéciale vont s'appuyer sur la révélation générale des noms de Shang Ti / Hananim pour ancrer le message évangélique.

Malheureusement, il n'en fut rien. Ils imposèrent un nom totalement étranger à leurs concepts d'un dieu créateur, hérités de leurs pères pour désigner le Tout-Puissant, sans prendre en compte leur héritage.

Parfois, ils le présentèrent comme totalement différent des dieux dont les Chinois et les Coréens avaient entendu parler !
Ils passèrent ainsi à côté du but de leur ministère !
C'est comme si Abraham avait refusé de reconnaître El Elyon.

Les premiers missionnaires furent les Nestoriens au 8° siècle après Jésus-Christ.

Ils sont porteurs d'une hérésie condamnée par le concile d'Ephèse en 430 qui déposa Nestorius, alors patriarche de Constantinople, lequel enseignait que le Christ avait 2 natures distinctes, l'une humaine et l'autre divine. Il fut combattu par Cyrille, évêque d'Alexandrie.

Plus tard, Ghenghis Kahn, séduit par ce qu'il avait entendu de l'Evangile par Marco Polo, envoya des messagers auprès du pape pour demander l'envoi de missionnaires pour annoncer la bonne nouvelle de Jésus-Christ à tous les peuples de son empire qui comptait la Chine.
Quatre prêtres furent envoyés tardivement mais ils n'arrivèrent jamais, soit ils moururent, soit ils abandonnèrent par peur.
Convaincu de la supériorité du monothéisme sur l'idolâtrie, Ghenghis Kahn se tourna alors vers l'islam qui fut adopté par la plupart de peuples mongols.

Par la suite des ordres catholiques eurent des résultats inégaux adoptant des expressions telles que Tien Ju, maître des cieux ou Tien Laoye, pour désigner Dieu en chinois. En Corée, ils ignorèrent le terme coréen Hananim et imposèrent les noms chinois.

Lorsque les missionnaires arrivèrent en Chine, certains optèrent pour le choix d'un nouveau nom pour désigner le Tout-Puissant, d'autres choisirent d'utiliser Shang Ti mais ils n'exploitèrent pas le potentiel de cette référence au Dieu vénéré par les anciens chinois. Ce manque d'unanimité se traduisit par un moindre impact sur les Chinois que sur les Coréens.
En effet, lorsqu'ils arrivèrent en Corée en 1884, l'unanimité sur le choix de Hananim se fit, en raison de la connaissance qu'ils eurent de ce dieu, au travers des textes qui en faisaient état.

Parmi eux, 650 missionnaires de la « China Inland Mission » ou « Mission intérieure de la Chine » conduits par Hudson Taylor, méthodiste, Appenzeller, Scranton, Allen et Underwood.
En 1900, la révolte des Boxers, mouvement opposé aux colons, aux réformes et à la dynastie Qing, assassina 182 missionnaires de la Mission.

Dès 1890, un pionnier protestant écrivait ceci :
« Le nom Hananim est si spécifique et si universellement utilisé qu'on n'a pas à craindre, pour les traductions et les prédications futures, les querelles déplacées qu'il y eut jadis parmi les missionnaires en Chine, même si les catholiques se servent ici du nom qu'ils ont en Chine. »

La prédication de ces missionnaires enflamma les villes, petites et grandes, les villages et les campagnes. En construisant sur ce témoignage résiduel, ils l'emportèrent magnifiquement sur la réticence naturelle des Coréens à adorer une divinité étrangère.
Les Coréens étaient impressionnés par le message de l'Evangile.
Une de leurs traditions Tan'gun affirmait qu'Hananim avait un Fils qui désirait vivre parmi les hommes. Il s'en suivit des conversions si nombreuses que ce phénomène secoua la plus grande partie de la Corée.
Aujourd'hui, plus d'un siècle plus tard, plus de 15 millions de Coréens du Sud sont membres d'églises protestantes et constituent 24% de la population auxquels il faut ajouter 8% de catholiques sachant que la Corée du Sud compte 49 millions d'habitants.

Les protestants tinrent à ce que les églises coréennes s'administrent elles-mêmes dès le début.
Ainsi prodiguèrent-ils les soins nécessaires à la formation de dirigeants coréens.
Deux assemblées se distinguent particulièrement :
- L'Eglise Centrale du Plein Evangile de Yoido qui comptait en 1992, 700000 membres dont plus 5000 cellules de maisons.
- L'Eglise presbytérienne de YoungNak à Séoul qui dépasse actuellement les 60000 membres ayant donné naissance à 200 jeunes églises à Séoul et en banlieue.

Qu'en est-il des églises catholiques ?

Les prêtres, constatant que les églises protestantes étaient prospères alors que les leurs se développaient plus lentement, tinrent une conférence pour déterminer où ils faisaient une erreur. Ils reconnurent qu'ils s'étaient trompés en rejetant le nom de Hananim en faveur de termes non coréens pour désigner le Tout-Puissant. Ils décidèrent alors d'utiliser le nom d'Hananim.

Ils firent appel à d'autres prêtres et lancèrent une nouvelle mission en Corée.
Ils constatèrent alors un rythme de croissance plus rapide.
Aujourd'hui, ils sont au nombre d'environ 3,9 millions soit 8% de la population de Corée du Sud.

Si la progression du christianisme continue à ce rythme, on peut imaginer que d'ici quelques années, la Corée verra la proportion de chrétiens passer à 50%.

2) Les peuples du Livre perdu :

A) Le Karens de Birmanie :

Près de Rangoon, en l'an 1797, eut lieu la rencontre suivante entre un diplomate anglais et les habitants du lieu :
« Si les habitants de ce village ne sont pas birmans, quel nom se donnent-ils, demanda un diplomate anglais, qui portait un casque colonial ? »
« Karen » ! répondit son guide birman.
Cette première confrontation avec un homme blanc avait excité la curiosité des villageois qui s'empressèrent de lui toucher les bras et les joues de leurs mains brunes, provoquant le recul du diplomate.

Pendant ce temps, son guide les dénigraient : « ce sont des sauvages, voleurs et bagarreurs ! »

Or, il n'en était rien ! Les Karens étaient en fait la plus évoluée des nombreuses tribus de Birmanie. Mais les Birmans les exploitaient depuis des siècles et les méprisaient.

Par ailleurs, les bouddhistes birmans ne leur pardonnaient pas de conserver leur propre religion malgré les pressions exercées sur eux.

De fait, le diplomate anglais était ravi de l'accueil chaleureux et enthousiaste qui lui était offert, tranchant avec la froideur des autres birmans visités.

Un des hommes qui savait le birman parla au guide, lequel rapporta ses propos à l'anglais :
« Ces gens, dit-il, pensent que vous êtes peut-être un certain « frère blanc » que le peuple dans son entier attend depuis des temps immémoriaux. »
« Ils attendent de lui un livre comme celui que leurs ancêtres ont perdu, il y a bien longtemps. Ils demandent, le cœur battant, si vous ne l'avez pas apporté. »
L'Anglais se mit alors à rire bruyamment : « dites-moi qui est l'auteur dont le livre a le pouvoir d'intéresser des illettrés de ce genre ? »

« Ils disent que l'auteur est Y'wa, le Dieu suprême. Ils disent aussi que le frère blanc, en leur donnant le livre perdu, les libèrerait alors de tous leurs oppresseurs. »
« Dites-leur qu'ils se trompent, Je ne connais absolument pas ce dieu du nom de Y'wa ; et je ne vois pas où ce frère blanc pourrait se trouver. »
Puis, il repartit avec son guide, laissant des centaines de villageois déçus, se demandant si leurs ancêtres ne s'étaient pas trompés.
Mais, un ancien leur dit alors de ne pas s'inquiéter car :
« Il viendra un jour ! Certaines prophéties peuvent faillir mais, pas celle-ci. »

De retour à Rangoon, le diplomate en informa son supérieur, le lieutenant-colonel Symes qui en fit état dans son rapport publié 32 ans plus tard à Edinbourg, en Ecosse.
Pendant les 175 années suivantes, le rapport de Symes fut consulté sans susciter un quelconque intérêt pour les Karens.

En 1816, un voyageur musulman arriva dans un village Karen reculé à 400 kilomètres au sud de Rangoon. Certes, sa peau n'était pas tout à fait blanche mais il possédait un livre qui fascina les Karens à un point tel qu'il le leur offrit en cadeau.
Le sage qui le reçut l'enveloppa dans de la mousseline et le plaça dans un panier fabriqué exprès pour lui.
Il en devint alors le gardien attitré et il se développa tout un rituel de vénération au cours duquel le peuple se tenait en attente constante du maître qui viendrait un jour leur rendre intelligible le contenu du livre.

Or, dans plus de mille villages karens, des hommes appelés « bukhos » considérés comme prophètes du vrai Dieu, leur rappelaient que les voies de Y'wa et celles des mauvais esprits « les nats », ne sont pas les mêmes.
Ils leurs affirmaient qu'un jour, ils devraient suivre uniquement les voies de Dieu.
De génération en génération, ils leur enseignèrent des hymnes par tradition orale uniquement.
Comme les hymnes de Pachacuti à Viracocha, ceux des Karens à Y'wa révèlent à quel point le concept du Dieu unique peut-être d'une limpidité étonnante dans une religion tribale.
Grâce ces hymnes, le respect et la crainte de Y'wa, le vrai Dieu, restèrent ancrés dans le cœur de ce peuple et les empêcha de sombrer dans l'idolâtrie bouddhiste.
Nombre de ces hymnes exaltent des attributs divins :

L'éternité de Y'wa :
« Y'wa est éternel, longue est sa vie.
Un éon passe, il ne meurt point !
Deux éons, il ne meurt point !
Il est parfait dans ses sublimes attributs.
Les éons se suivent, et il ne meurt point ! »
(l'éon est une unité de temps géologique)

La gloire du Créateur :
« Qui créa le monde au commencement ?
Y'wa créa le monde au commencement.

Y'wa a tout ordonné.
Y'wa est insondable ! »

L'omnipotence, l'omniscience de Y'wa :
« Le tout-puissant est Y'wa ; et nous n'avons pas cru.
Y'wa créa l'homme jadis ;
Il a une connaissance parfaite de toutes choses.
Y'wa créa l'homme au commencement ;
Il sait toutes choses passées et présentes.
O, mes enfants et mes petits-enfants !
La terre, c'est là que Y'wa pose le pied
Et le ciel, c'est là qu'il siège.
Il voit toutes choses et l'homme est devant lui. »

Voici le récit karen de la séparation de l'homme d'avec Dieu qui
présente d'étonnantes analogies avec le récit de la Genèse ch 1 :

« Y'wa créa le monde au commencement.
Il pourvut à la nourriture.
Il désigna le « fruit du jugement ».
Il donna des ordres précis.
Mu-kaw-lee trompa deux personnes.
Il leur fit manger le fruit de l'arbre du jugement.
Ils n'obéirent point ; il ne crurent point Y'wa…
Quand ils mangèrent le fruit du jugement,
Ils se mirent sous le joug de la maladie, de la vieillesse et de la mort. »

Alonzo Bunker, écrivain qui vécut à la fin du XIX° siècle parmi eux
pendant 30 ans, décrit un cours du soir typique donné par les Bukhos
dans la jungle, près de Toungoo :

« Il est presque impossible de décrire l'attitude solennelle et
respectueuse avec laquelle ces anciens aux cheveux blancs récitaient
les attributs de Y'wa et la crainte attentive des enfants qui écoutaient.
Ils étaient attirés comme par un aimant à ce conseil d'anciens.
A un moment, l'un d'eux se leva, étendit les mains, comme en signe
de bénédiction et dit :

« o, enfants et petits-enfants, il fut un temps lointain où Y'wa aimait notre peuple plus que tout autre. Mais ce peuple a transgressé ses lois, de sorte que nous sommes dans la souffrance comme aujourd'hui. Parce que Y'wa nous a maudits, nous sommes dans l'affliction qu'est la nôtre aujourd'hui et nous n'avons plus de livre. »
Puis, l'espoir sembla illuminer son visage tourné vers les étoiles et il s'exclama :
« Mais, Y'wa aura de nouveau pitié de nous et de nouveau, il nous aimera plus que tout autre. Y'wa nous sauvera de nouveau. C'est parce que nous avons écouté les paroles de Mu-kaw-lee (Satan) que nous souffrons. »

Puis, l'ancien récita avec passion les poèmes lyriques de ses ancêtres :

« Quand Y'wa fit Than-nai et Ee-u, il les plaça dans un jardin…et leur dit : J'ai mis pour vous dans ce jardin, sept sortes d'arbres qui portent sept sortes de fruit. Parmi eux, l'un n'est pas bon à manger…Si vous le mangez, vous vieillirez, vous serez malades et vous mourrez….Mangez et buvez avec prudence. Une fois tous les sept jours, je m'approcherai de vous..
Après un certain temps, Mu-kaw-lee vint près de l'homme et de la femme et leur dit : Pourquoi êtes-vous ici ?
Notre père nous a placés ici.
Que mangez-vous ici ?
Notre Seigneur Y'wa a créé la nourriture pour nous en surabondance.
Montre-moi cette nourriture !
Il la lui montrèrent en disant : Celui-ci est astringent, celui-ci est doux, celui-ci est aigre, celui-ci amer, celui-ci savoureux et celui-ci est très fort. Quant à celui-là, nous ne savons pas quel goût il a. Notre Père, le Seigneur Y'wa nous a dit : Ne mangez pas du fruit de cet arbre. Sinon, vous mourrez.
Alors, Mu-kaw-lee reprit : « il n'en est pas ainsi, mes enfants. Le cœur de votre père Y'wa n'est pas avec vous. C'est le fruit le plus riche, le plus exquis.. Si vous le mangez, vous aurez des pouvoirs extraordinaires. Vous pourrez monter au ciel..Je vous aime, je dis vrai, je ne vous cache rien. Si vous ne me croyez pas, ne mangez pas de ce fruit. Mais, si chacun de vous mange le fruit pour m'éprouver, alors vous aurez la connaissance.. »

Dans les paragraphes suivants, Tha-nai refuse de se laisser séduire et s'éloigne. Ee-u s'attarde, succombe à la tentation, mange le fruit, puis convainc son mari d'en faire autant.
Voici la suite du récit :
La femme se retourna vers Mu-kaw-lee et dit :
« Mon mari a mangé le fruit. »
Mu-kaw-lee partit d'un grand éclat de rire et dit :
Alors, ô homme, ô femme, mes conquêtes, vous avez écouté ma voix et m'avez obéi. »
Le lendemain matin, Y'wa vint vers eux, mais ils ne l'accueillirent pas avec des chants de louanges comme à l'accoutumée. Il vint tout près d'eux et leur dit :
« Pourquoi avez-vous mangé le fruit de l'arbre que je vous avez ordonné de ne pas toucher ? Or donc, vous vieillirez, vous serez malades et vous mourrez. »
Quand Y'wa eut maudit l'homme, il le quitta…Plus tard, la maladie fit son apparition. Un des fils de Tha-nai et de Ee-u tomba malade. Alors, ils se dirent l'un à l'autre :
« Y-wa nous a rejetés. Nous ne savons que faire. Allons demander à Mu-kaw-lee.
C'est ce qu'ils firent et il lui dire :
« Nous t'avons obéi et pris du fruit. Maintenant, notre enfant est malade…Que nous conseilles-tu ? Il leur répondit : Vous n'avez pas obéi à votre Père, le Seigneur Y'wa. Vous m'avez écouté. Puisque vous m'avez obéi une fois, continuez jusqu'au bout.. »

L'ancien/prophète poursuivit son récit racontant comment Mu-kaw-lee leur avait enseigné les principales offrandes à faire en cas de maladies ainsi que celles à faire à ses serviteurs, les « nats » (démons) qui régnaient sur certaines maladies ainsi que sur les accidents.
Il leur enseigna aussi la divination par les os d'oiseaux, ce qui devint pour ces habitants des collines un guide dans presque tous les actes de la vie.

Alonzo Bunker cite aussi le « chant d'espérance » des Karens qui exprime leur ardente attente du retour certain de Y'wa :

« Au temps marqué, Y'wa viendra.
…Les arbres morts s'épanouiront et porteront des fleurs.
Des arbres pourrissants refleuriront et s'épanouiront…
Y'wa viendra nous donner le grand Thau-thee..(probablement le nom
d'une montagne sacrée).
Montons et adorons. »
Un deuxième chant d'espérance parle d'un roi qui reviendra :

Les bons, ceux qui sont bons,
Iront dans la cité d'argent, la ville d'argent.
Les justes, ceux qui sont justes,
Iront dans la ville nouvelle, la cité nouvelle.
Ceux qui croient leur père et mère
Jouiront du palais d'or.
Quand le roi viendra
Il n'y aura plus qu'un monarque
Quand le roi viendra
Il n'y aura plus ni riche ni pauvre.

Les prophètes karens, malgré l'influence insistante de l'idolâtrie
bouddhiste, ne cessèrent d'encourager leur peuple à y résister par des
proverbes tels ceux-ci :

Contre les idoles :

O, enfants et petits-enfants ! n'adorez ni les idoles ni les prêtres !
Ce n'est pas ainsi que vous obtiendrez un avantage quelconque.
Vous ne faites qu'augmenter vos péchés à l'excès.

Pour le respect des parents :

O enfants et petits-enfants ! Respectez et révérez vos père et mère !
Car lorsque vous étiez jeunes, ils vous protégeaient même contre la
piqûre d'un moustique.
Pécher contre ses parents est un crime odieux.

L'amour de Dieu et de son prochain :

O enfants et petits-enfants !
Aimez Y'wa et ne mentionnez jamais son nom (à la légère).
Si vous le faites, il s'éloigne de plus en plus de nous.
N'aimez pas les disputes et les discussions,
Mais aimez-vous les uns les autres !
Y'wa du haut des cieux nous regarde
Et ne pas nous aimer les uns les autres,
C'est ne pas aimer Y'wa !

Appel à la repentance :

O enfants et petits-enfants,
Si nous nous repentons de nos péchés
Et cessons de faire le mal, en dominant nos passions,
Et prions Y'wa, il nous fera encore miséricorde.
Si Y'wa n'a pas pitié de nous, nul autre ne le peut.
Un seul peut nous sauver : Y'wa.

Appel à la prière :

O enfants et petits-enfants,
Priez Y'wa sans cesse, jour et nuit !

D'après les récits de l'Evangile, Jésus loua la conscience religieuse
d'un nombre relativement restreint de païens :
Le centurion romain, la femme syrophénicienne, la reine de Shéba,
Naaman le syrien, la veuve de Sarepta, le peuple de Ninive…
De la même façon, nous est relatée la piété inattendue d'un gentil
appelé « Corneille le païen » qui surprit l'apôtre Pierre (Actes 10/34)

Par contre, avec le peuple karen, il s'agit de centaines de milliers de
personnes qui ont une conscience bien plus développée des réalités et
des vérités spirituelles que le juif ou le chrétien moyen.

Par ailleurs, la piété des païens dont il est parlé dans la Bible semble chaque fois directement redevable à l'influence juive. Et dans deux cas, le ministère de Jésus en est à l'origine.

La question qui se pose à nous est la suivante :
Quelle est la source de telles connaissances sur Dieu, sur ses attributs, sur ses désirs, sur l'origine de l'homme, sur ses écarts, sur son espérance, sur la conduite à tenir etc.. ?
Est-elle juive, chrétienne ou autre ?

Nous serions tentés d'invoquer une influence juive.

Or, nous savons que les Karens vivent à 6000 kms de Jérusalem.
Il est vrai que le nom qu'ils donnent à Dieu, Y'wa, rappelle celui de Yahvé chez les juifs, mais on ne retrouve pas d'équivalents d'Abraham ou de Moïse, second et troisième par ordre d'importance dans le judaïsme.
Or, s'ils avaient été soumis à l'influence juive, ils auraient mis l'accent sur ces deux personnages !

Nous serions aussi tentés d'invoquer une influence chrétienne.

Or, aucunes traces d'influence nestorienne chrétienne du 8° siècle ni de celle plus tardive de missionnaires catholiques romains des 16°, 17° ou 18° siècles n'ont pu être relevées. On aurait pu, notamment, s'attendre à ce qu'apparaisse la question d'une incarnation ou d'un Rédempteur mort pour le péché de l'homme et ressuscité.
Mais, il n'en est rien, selon les érudits de la tradition karen.

Si l'on accepte en théorie qu'une influence juive ou/et chrétienne se soit manifestée dans ce peuple de façon si passagère que seuls les concepts de base relatifs à Dieu, la création et la chute de l'homme ont été retenus, nous nous trouvons devant une question difficile :

« Comment, une influence aussi fugace laisserait-elle une impression aussi profonde et durable sur un peuple entier, en particulier là où le bouddhisme et le spiritisme tribal se sont si longtemps opposés à cette influence ? »

L'histoire nous enseigne que seule une influence très forte et très prolongée peut faire pénétrer des concepts religieux nouveaux au-delà des barrières culturelles, surtout quand d'autres influences comme le bouddhisme et le spiritisme lui sont si radicalement opposés.

Se pourrait-il donc que les croyances des Karens en Y'wa aient précédé le judaïsme et le christianisme ?
Ces croyances sont-elles nées de la racine monothéiste ancienne qui caractérisait l'époque des premiers patriarches ?

La réponse est presque sans nul doute : oui !

Ce qui est extrêmement étonnant et qui différencie les Karens des autres peuples méfiants à l'égard des étrangers surtout s'ils ont une autre couleur, c'est qu'ils aient attendu l'accomplissement des prophéties par l'intermédiaire « d'étrangers blancs » !

C'est ce qu'annonce un de leurs hymnes :

« Les fils de Y'wa, les étrangers blancs
Ont reçu la parole de Y'wa
Les étrangers blancs, les enfants de Y'wa
Ont reçu jadis la parole de Y'wa. »

Dans les années 1830, un Karen du nom de Sau-qua-la fit un discours devant le gouvernement général britannique de Birmanie.
Il dit que les Européens, ces « étrangers blancs », étaient à l'origine les frères cadets des Karens !
Eux, les frères aînés, scélérats qu'ils étaient, avaient bêtement perdu leur copie du livre de Y'wa.
Les frères blancs, de leur côté, avaient soigneusement conservé la leur.
En conséquence, les blancs devinrent des « justes », connus pour être des « guides vers Dieu ».
Ils apprirent aussi à naviguer avec des « voiles blanches » et à traverser les océans.

Alonzo Bunker résume cette tradition ainsi :

« Le libérateur devait être un « étranger blanc », venir de l'ouest par la mer avec « des voiles blanches », et apporter le « livre blanc » de Y'wa. »
Certaines versions de la tradition disaient que le livre serait d'or et d'argent.

Ainsi, ce peuple était comme un comité d'accueil de 800000 personnes prêtes à recevoir le premier missionnaire qui, sans se douter de rien, viendrait vers eux avec une Bible et un message de délivrance de Dieu.
Quel qu'il fût, il était destiné à jouir d'un des plus grand privilège de l'histoire !

Mais avant de découvrir ce personnage, il est intéressant d'apporter quelques éléments complémentaires qui concernent les croyances et les attentes de quelques peuples proches géographiquement des Karens. Il s'agit respectivement :

B) des Kachins au nombre de 500000 du nord de la Birmanie.
Ils adorent Karai Kasang, leur Créateur, un Etre supérieur bienveillant « dont la figure et la forme dépassent la compréhension de l'homme. »
Ils ne lui offrent pas de sacrifice car « Il ne leur a jamais fait de mal ».
Eux aussi croyaient que Karai Kasang leur avait donné un livre qui avait été perdu.

C) Des Lahus :
Au nord-est du pays karen, habitent 250000 Lahus.
Pendant des siècles, ils ont gardé en mémoire Gui'Sha, le créateur de toutes choses qui avait donné sa loi écrite sur des gâteaux de riz, lesquels avaient été mangés par leurs ancêtres qui pensaient qu'elle serait ainsi en eux. Ils avaient aussi des prophètes qui leur disaient qu'un secours leur viendrait de Gui'Sha seul.
« En temps voulu, Gui'Sha lui-même nous enverra un frère blanc, avec un livre blanc contenant les lois blanches de Gui'Sha, ces paroles perdues il y a longtemps par nos ancêtres ! Ce frère blanc apportera le livre perdu jusque dans nos foyers ! »

Certains portaient des cordes autour de leurs poignets pour
symboliser qu'ils étaient esclaves des « nats » (esprits)

D) Les Was :
Cette tribu de 100000 membres vit éparpillée dans les montagnes
entre les Karens et les Lahus.
De temps en temps, les prophètes du vrai Dieu qu'ils appelaient
Siyeh, les admonestaient pour qu'ils arrêtent les rites d'apaisement
des esprits ainsi que la chasse aux têtes le jour de la moisson.

L'un d'eux, Pu Chan, leur donna la raison suivante : Siyeh, le vrai
Dieu, était sur le point d'envoyer celui qu'on attendait depuis si
longtemps, « le frère blanc avec une copie du livre perdu. »
Un matin Pu Chan sella un petit cheval wa et dit à ses fidèles :
« Siyeh m'a dit la nuit dernière que le frère blanc n'est plus loin.
Siyeh vous conduira jusqu'à lui par ce poney. Quand vous
trouverez le frère blanc, qu'il le prenne pour monture. Nous serions
un peuple ingrat si nous le laissions faire à pied la dernière partie
du voyage jusqu'à nous. »
Tandis que ses disciples restaient pantois d'étonnement, le poney se
mit en route, ne s'arrêtant même pas pour boire au premier
ruisseau.
Allait-il les conduire vers « le frère blanc » ?

E) Les Chans et les Palaungs !
Même certains peuples bouddhistes de l'Asie du sud-est attendaient
un messie.
Cependant leur messie ne devait pas être le fils de Dieu, mais, une
cinquième manifestation de Bouddha, appelée Phra-Ariya-Metrai :
le Seigneur de Miséricorde.
Ceci montre que ces peuples reconnaissaient en l'homme un besoin
vital de miséricorde.
D'après MacLeish :
« Nulle autre figure de tout leur horizon religieux ne suscite plus
rapidement leur intérêt. Dans un de leurs livres concernant Are-
Metaya- autre nom de Phra-Ariya-Metrai- on trouve un verset très
proche d'Esaïe disant :

« toute vallée sera exhaussée, toute montagne sera abaissée, les
coteaux se changeront en plaine, les défilés étroits en vallon, et ils
s'attendent à ce que Are-Mataya accomplissent littéralement cette
prophétie quand il viendra. »

F) Les Kuis de Thaïlande et de Birmanie :
Vivant entre ces deux pays, ils construisaient des lieux de culte
dédiés au vrai Dieu dans l'attente du temps où un messager de Dieu
entrerait dans ces lieux, le livre perdu à la main, pour enseigner le
peuple.

G) Les Lisus de Chine :
En même temps, dans la province de Yun-nan, en Chine du sud-
ouest, plusieurs centaines de milliers de Lisus attendaient un frère
blanc avec un livre du vrai Dieu écrit dans leur langue.
Ils disaient que quand ils recevraient ce livre, ils auraient un roi à
eux, qui règnerait sur eux (Ils souffraient de l'oppression chinoise
depuis des générations)

H)Les Nagas de l'Inde :
Environ un million de Nagas, composant 24 tribus de race indienne,
peuplent la région montagneuse située derrière la frontière nord-
ouest de la Birmanie.
Ils conçoivent « une divinité au caractère hautement personnalisé,
associée au ciel plus qu'à la terre et qui est au-dessus de tous. »
Ce Dieu s'appelait dans le dialecte Chakesang « Chepo-Thuru, le
Dieu qui contient tout.
En dialecte Konyak, son nom est : Gwang.
Une de ces tribus, les Rengmas, spécifiait que l'Etre suprême avait
donné à ses ancêtres sa parole en l'inscrivant sur des peaux de
bête ; mais, ceux-ci n'en avaient pas pris soin et les peaux furent
mangées par les chiens.
Ils avaient aussi leurs prophètes qui se levaient de temps à autres.
Un écrivain du nom de Dozo, lui-même Naga Chakesang, prétend
que la culture naga contenait des coutumes extraordinairement
bibliques, comme l'édification de pierres commémoratives en
certains lieux, l'offrande des prémices, les offrandes de sang,
d'animaux sacrés, le pain sans levain, le percement d'oreille,

l'entretien permanent du feu sacré, l'intérêt particulier pour le chiffre sept, les fêtes des récoltes et la sonnerie des trompettes après la moisson.

Par ailleurs, ils ne représentèrent jamais Chepo-Thuru par une idole !

Malgré la pression du bouddhisme, et malgré des travers comme l'esclavage, les Nagas réussirent étonnamment à maintenir cette conscience de Dieu à travers tant de siècles.

I) Les Mizos de l'Inde :

A 450 kms au sud-ouest du pays naga, à cheval sur la frontière indo-birmane, vivent 350000 personnes appelées Mizos en Inde et Lushais en Birmanie.

L'un d'eux, l'écrivain Hminga montre la conscience de Pathian, le Dieu suprême unique, qu'avait son peuple :

Pa signifie « père » et Thian, vraisembablement « saint ».

Ce « Père Saint » était considéré comme « Créateur de toutes choses »…, c'était un Etre bienveillant, se préoccupant peu des hommes.

Alors que les Kachins n'offraient pas de sacrifices à Karai Kasang, les Mizos en offraient à Pathian et à Lui seul !

Il semble d'après un écrivain du nom de Hanson que les Mizos possédaient des traditions concernant le livre sacré donné par Pathian, mais perdu par leurs ancêtres.

Ainsi dix peuples entiers, tous exceptionnellement équipés pour comprendre la signification de l'Evangile de Jésus-Christ, si seulement, ils en connaissaient l'existence !

Dix peuples, soit plus de trois millions d'hommes et de femmes rassemblés dans le sud-est de l'Asie sur environ 700000 kilomètres carrés.

Dix peuples qui attendent, attendent et attendent !

Enfin, ce jour tant attendu arriva !

C'est en 1817 que débarque à Rangoon un missionnaire baptiste américain du nom de Judson.
Il apprit le birman puis, vêtu de jaune, comme les maîtres bouddhistes, il s'en alla sur les places de marché prêcher l'Evangile mais sans grand résultat. Malgré le découragement qui l'envahissait, il persévéra pendant sept ans avant de voir son premier converti.
Pendant tout ce temps, il se consacra à la traduction de la Bible en birman. Ce travail devait par la suite montrer toute son importance pour l'œuvre que ses successeurs poursuivirent après lui.
Un jour, les voies de la Providence, conduisirent un Karen exactement là où Judson habitait.
Il cherchait du travail pour rembourser une dette et Judson lui en trouva..Il s'appelait Ko Thah-byu, était d'un tempérament violent et prétendait qu'il avait tué trente hommes lorsqu'il faisait des cambriolages.
L'Evangile lui fut alors annoncé sans succès apparent.
Puis, il posa des questions sur l'origine de l'Evangile, sur les « étrangers blancs » venus de l'ouest avec le livre et son message.
Tout s'éclaira alors en lui et son esprit reçut l'amour de Jésus-Christ comme une terre desséchée reçoit la pluie.

C'est alors qu'un couple de missionnaires, George et Sarah Boardman, ouvrirent une école pour les convertis analphabètes.
Ko Thah-byu s'y inscrivit et apprit à lire la Bible en birman faisant preuve d'un intérêt pour son message qui étonnait les Boardman et Judson.
L'idée avait germé dans son esprit qu'il était le tout premier de son peuple à avoir appris que le « livre perdu » était entre ses mains.
Il se considéra alors responsable d'aller lui annoncer cette bonne nouvelle.
Lorsque les Boardman annoncèrent qu'ils allaient lancer une mission dans la région de Tavoy, au sud de la Birmanie, il leur demanda de l'emmener avec eux et de le baptiser une fois arrivés là-bas, ce qui fut fait.

Une fois sur place, il partit dans les collines prêcher l'Evangile et presque chaque fois, toute la population l'acceptait avec foi.
Les Broardman n'en croyaient pas leurs yeux !
Ils furent assaillis d'invitation à aller dans les villages pour prendre la suite du ministère de Ko Than-byu et pour parler du « livre de Y'wa ». Pendant ce temps, notre évangéliste karen poursuivait son œuvre de défrichage.
Il résultat de ce travail acharné, écrivit plus tard Mme Mac Leod Wylie dans « the Gospel in Burma » en 1859, « que de nombreux Karens qui habitaient les villages éparpillés dans les montagnes de Tavoy, affluèrent des jungles lointaines, poussés par le désir de voir le maître blanc et d'écouter les merveilles qu'il enseignait. »

Boardman relate dans son journal :
« Un grand nombre de Karens sont maintenant avec nous. Ko Than-byu leur lit et leur explique nuit et jour les paroles de vie.
Il semble que le temps favorable à ce peuple soit arrivé. Alléluia ! »

Dans le même temps, un autre collègue de Judson, Jonathan Wade, croyait rêver devant la joie explosive d'autres Karens à 300 kms au nord de Tavoy. Au fur et à mesure qu'ils se convertissaient, ils se faisaient baptiser, puis partaient comme missionnaires pour annoncer la Bonne Nouvelle parmi leur peuple.
Certains allèrent même jusqu'à Bassein, à 450 kms et lorsque des missionnaires américains y vinrent, ils trouvèrent 5000 Karens convertis !

Les bouddhistes étaient stupéfaits et se demandaient quel était le secret des chrétiens, eux qui avaient depuis des siècles échoué dans leurs tentatives de convertir les Karens.

Ko Than-byu quitta Tavoy et poursuivi son œuvre, inlassablement, dans le centre de la Birmanie où il mourut d'épuisement quelques années plus tard.
Vers 1858, un autre collègue de Judson, Francis Mason appelait Ko Thah-byu « l'apôtre karen », titre d'un livre qu'il écrivit à sa mémoire.

Vers 1858, les Karens prirent conscience qu'il leur incombait maintenant d'annoncer à leur tour la Bonne Nouvelle du « livre perdu et retrouvé » aux autres minorités ethniques.

Grand fut leur étonnement de voir que le Kachins eux aussi, avaient un nom pour le Tout-P uissant « Karai Kasang » et qu'ils se souvenaient d'un livre perdu par leurs ancêtres.
Ils acceptèrent alors l'Evangile et dans les 90 années suivantes, 250000 s'ajoutèrent à l'église de Jésus-Christ !

Qu'en fut-il des Lahus et des Was ?

Dans les années 1890, William Marcus Young fut envoyé par sa mission américaine pour porter l'Evangile aux Shans, à l'extrémité orientale de la Birmanie. Il fut accompagné par des missionnaires karens.
Ils s'installèrent dans la capitale de la région, Kengtung.
La plupart étaient bouddhistes. Sur la place du marché, Young lut à haute voix les dix commandements de Moïse, puis brandissant bien haut la Bible dont les pages blanches brillaient au soleil, il prêcha les lois de Dieu.
Il remarqua alors que des hommes curieusement vêtus s'approchaient de lui. Il s'agissait de Lahus qui étaient descendus des montagnes pour vendre leurs marchandises au marché.
Ces derniers le supplièrent de venir avec eux dans une indicible émotion.
« Notre peuple vous attend depuis des siècles. Nous avons même des maisons de réunions dans certains de nos villages construites exprès pour votre venue ! »
Certains montrèrent des bracelets de corde entourant leurs poignets.
« Nous portons ces cordes depuis des temps immémoriaux. Elles disent que nous sommes liés par des esprits mauvais. Vous seul, comme messagers de Gui'sha, pouvez couper ces liens, mais pas avant d'avoir apporté le livre perdu de Gui'sha jusque dans nos foyers ! »
C'est ainsi que, muets d'étonnement, Young et les missionnaires karens, les suivirent dans leurs montagnes.

La suite des évènements ressemble aux Actes des Apôtres transposés au 19° siècle.

Des dizaines de milliers de Lahus devinrent chrétiens.

Les deux fils de Young, Harold et Vincent, qui avaient été élevés avec les Lahus et qui parlaient leur langue à la perfection, furent invités par leur père à enseigner la Bible.

Plus tard, Vincent, fit une remarquable traduction de tout le Nouveau Testament dans leur dialecte.

En 1904, William Young, les missionnaires karens, Harold et Vincent, baptisèrent 2200 convertis. Williams resta attelé jusqu'à sa mort en 1936 et vit chaque année 2000 nouveaux baptisés.

Comme nous pouvons le constater, le « Dieu du ciel » savait que ces missionnaires allaient entrer dans ces champs de mission et Il leur prépara le chemin !

Ce fait surprenant, à savoir que les ouvertures parmi les Karens, les Kachins et le Lahus se sont faites au travers des religions tribales respectives et non malgré elles, est resté totalement incompris des anthropologues non croyants.

Après les Lahus, les Was :

Nous voici revenus auprès des disciples de Pu Chan qui suivent le poney à la recherche du frère blanc. 300 kms ont déjà étaient franchis par monts et par vaux avant d'entrer dans la ville de Kengtung. Le poney franchit alors la grille d'une station missionnaire et se dirigea droit vers un puits.

Les Was entendirent du bruit qui venait du puits. Ils s'y penchèrent mais ne virent pas d'eau mais seulement deux yeux d'un bleu limpide dans un visage blanc et barbu qui les regardaient amicalement.

« Salut, inconnus ! » Les mots en langue shan, résonnèrent dans le puits d'où émergea William Marcus Young tout empoussiéré.

« As-tu apporté un livre de Dieu ? »

Young fit un signe affirmatif.

Les Was, submergés d'émotion, tombèrent à ses pieds et délivrèrent maladroitement le message de Pu Chan, puis ajoutèrent :

« Ce poney a été sellé spécialement pour toi. Tout notre peuple attend. Va chercher le livre ! Il faut repartir ! »
Or, Young ne pouvait accéder à leur demande en raison du nombre important de Lahus qui venaient être enseignés.
Il fut décidé que les Was seraient hébergés puis instruits sur place et qu'ils retourneraient ensuite dans leur territoire pour enseigner les leurs.
C'est ainsi que Vincent Young alors enfant, grandit en entendant parler la langue wa, presque autant que le lahu ainsi que l'anglais de ses parents.
Adolescent il voyagea souvent dans les montagnes was et dispensa sur place un enseignement plus complet. Plus tard, il traduisit aussi en langue wa le Nouveau Testament comme il le fit en langue lahu.
Par la suite, 10000 was furent baptisés par les Young et leurs compagnons karens, venant s'ajouter aux 60000 Lahus.
C'est ainsi que les Was, eux-mêmes, répandirent l'Evangile dans l'est de la Birmanie et la Chine du sud-ouest.

L'Evangile chez les Lisus :

De l'autre côté de la frontière, en Chine du sud-ouest, arriva un anglais du nom de James Outram Frazer, de la Mission Intérieure en Chine. Il découvrit la tribu Lisu, apprit leur langue et commença à leur enseigner l'Evangile mais rencontra des difficultés.
Il entra alors en Birmanie pour rencontrer les missionnaires baptistes américains et apprendre d'eux quelques principes de communication interculturelle en raison des succès dont il avait eu écho.
Arrivé à la mission après un long et difficile périple, il n'y trouva que des missionnaires karens auxquels il exposa son problème.
Il les pressa de lui adjoindre un des leurs pour l'aider dans son travail, ce qui fut accepté.
De retour chez les Lisus, son aide apprit leur langue tandis que Frazer traduisait l'Evangile de Marc.
Quand il eut reçu les copies d'une imprimerie missionnaire de Shanghaï, il se mit à aller de village en village pour y lire l'Evangile de Marc.

Or, il semble qu'au début, il n'ait pas eu connaissance de leur
tradition qui annonçait la venue d'un homme au visage blanc qui
leur redonnerait le livre de Dieu écrit dans leur langue et autrefois
perdu.
Quoiqu'il en fut, les Lisus répondirent massivement à la Bonne
Nouvelle de Jésus-Christ et bon nombre de ceux qui ont étudié ce
fait historique, croient que la tradition ancienne, jointe à la présence
d'un Karen, joua un grand rôle dans cet impressionnant mouvement
de conversions qui amena des dizaines de milliers de Lisus dans le
Royaume de Dieu.

Les Nagas et les Nizos :

La Birmanie, la Chine du sud-ouest, puis l'Inde de l'est !
D'immenses territoires qui furent touchés par l'Evangile de façon
extraordinaire, malgré la puissance du bouddhisme et du spiritisme,
parce que les cœurs avaient été préparés à la venue d'un messager
blanc porteur du livre donné par le Dieu Créateur, perdu par les
ancêtres.
Or, cette expansion de l'Evangile ne s'arrêta pas là puisqu'elle
toucha aussi le Nagaland et le Mizoram, pays de l'Inde à
prédominance hindoue. Ces deux états revendiquent un
pourcentage de chrétiens baptisés par habitant plus élevé que
partout dans le monde pour une même surface !
Au Nagaland, le pourcentage de chrétiens baptisés, adolescents ou
adultes, est de 76% d'une population d'un million d'habitants.
Au Mizolam, où l'on baptise aussi les enfants, elle atteint les 95%.

Les chrétiens mizos ont envoyé récemment 400 de leurs
missionnaires dans les régions de l'Inde du nord à prédominance
hindoue.
Des voyageurs rapportent que dans ces régions de l'Inde de l'est,
qu'il y avait toujours dans leur champ de vision une église.

Il est remarquable de noter que les chrétiens nagas et nizos
d'aujourd'hui, sont reconnaissants à Dieu d'avoir rendu un
témoignage suffisant de Lui-même à travers leurs religions tribales
anciennes pour les empêcher de céder à l'attirance de l'idolâtrie

hindoue en Inde, tout comme les Karens, les Kachins, les Labus et les Was face au bouddhisme en Birmanie et les Lisus qui résistèrent en Chine au taoïsme et au confucianisme.

VII) Conclusion :

Epiménide, le prophète crétois ; Pachacuti, le champion de Viracocha ; Koléan, le sage santal ; Pu Chan, le prophète wa ; Worasa, le voyant éthiopien autant d'instruments utilisés par Dieu pour préparer le terrain où serait un jour semé l'Evangile !
L'Ecriture fait-elle état de cette catégorie unique d'hommes et de femmes craignant Dieu au milieu de tous les autres peuples païens ?

Pour Don Richardson, cela ne fait aucun doute.
Non seulement il croit que l'Ecriture annonce leur existence mais aussi, qu'elle nous en a fait connaître au moins deux !

Le premier, Abraham, croyait au Dieu Créateur dans un pays païen, la Chaldée. A cause de sa foi, Dieu le choisit et lui parla à Ur où il habitait. Le choix que fit alors Yahvé d'en faire le père d'une race spéciale en vue d'un témoignage spécial au monde entier est tout à fait unique.
Mais, le fait qu'Abraham connût personnellement le vrai Dieu, n'est pas un fait unique !

En effet, nous nous souvenons que lorsque Abraham arriva en Canaan, il rencontra un homme du nom de Melchisédek, roi d'une ville appelée Salem, qui était « sacrificateur du Dieu Très-Haut, El Elyon. (Voir Gen.14/18-20 ; Ps.110/4 et Heb.7/1-22).

L'Ecriture affirme que Melchisédek était d'un rang supérieur à Abraham dans l'économie de Dieu !
De fait, Abraham lui versa la dîme et c'est Melchisédek qui le bénit.

Le fait que l'auteur de la Genèse ne fournisse pas la moindre
explication à la présence de Melchisédek prouve qu'il ne voyait
rien d'inhabituel à ce qu'une personne telle que lui, se trouvât
parmi les Cananéens, peuple païen.
Ainsi, Dieu n'a jamais cessé de parler aux hommes et Il le fait
encore aujourd'hui où que ce soit pour le salut des hommes.

Au terme de ce résumé si instructif sur l'antériorité du
monothéisme sur le polythéisme, laissez-moi vous rappeler, cher
lecteur, quelques-uns des noms qui furent donnés au Grand Dieu
Créateur des cieux et de la terre auquel sont dus honneur, louange
et grâce jusque dans l'éternité.

El Elyon de Melchisédek
Yahvé d'Abraham
Theos de Paul
Logos de Jean
Viracocha des Incas
Thakur Jiu des Santals
Magano des Gédéos d'Ethiopie
Koro des Mbakas de Centrafrique
Shang-ti des Chinois
Hanani des Coréens
Y'wa des Karens
Karaikasang des Kachins
Gui'sha des Lahus
Siyeh des Was
Are-Metaya des Chans et des Palaungs
Chepo-Thuru des Nagas
Pathian des Mizos / Lushais

A tous ceux-ci, il faut ajouter les milliers d'autres noms contenus
dans les 6 volumes « d'alias du Tout-Puissant » recensés par le Dr.
Wilhelm Schmidt dans les années 60, soit 4500 pages, auxquels ont
été ajoutés 1000 autres exemples !

Manifestement, le concept du Dieu Créateur-Tout-puissant est loin d'être une invention de l'esprit mais une réalité qui s'inscrit dans la nuit des temps à laquelle tout esprit raisonnable doit porter la plus extrême attention et le plus grand intérêt.

Printed by Books on Demand GmbH, Norderstedt / Germany